"十二五"高等院校工商管理专业

———— 工商管理系列教材 ————

管理技能

如何培养职业经理人

MANAGEMENT SKILLS

How to Cultivate the Professional Managers

边俊杰　封智勇　曾国华　余来文/编著

经济管理出版社

ECONOMY & MANAGEMENT PUBLISHING HOUSE

图书在版编目（CIP）数据

管理技能：如何培养职业经理人/边俊杰等编著. —北京：经济管理出版社，2014.8
ISBN 978-7-5096-3219-2

Ⅰ.①管…　Ⅱ.①边…　Ⅲ.①企业领导学　Ⅳ.①F272.91

中国版本图书馆 CIP 数据核字（2014）第 147950 号

组稿编辑：申桂萍
责任编辑：申桂萍　胡　茜
责任印制：黄章平
责任校对：赵天宇

出版发行：经济管理出版社
　　　　　（北京市海淀区北蜂窝 8 号中雅大厦 A 座 11 层　100038）
网　　　址：www. E-mp. com. cn
电　　　话：（010）51915602
印　　　刷：三河市延风印装厂
经　　　销：新华书店
开　　　本：720mm×1000mm/16
印　　　张：12.75
字　　　数：207 千字
版　　　次：2014 年 8 月第 1 版　　2014 年 8 月第 1 次印刷
书　　　号：ISBN 978-7-5096-3219-2
定　　　价：36.00 元

"十二五"高等院校工商管理专业精品课系列编委会

前　言

"未来市场中的稀缺资源不再是资本，而是优秀的人才"，美国企业管理界大师史考特·派瑞 20 世纪的论断已然成为现实。有技巧的管理，尤其是那些在组织中有效管理员工的管理者，是组织成功的关键因素。一个企业的良性发展不仅需要技术、设备、人力等资源，良好的组织、运营和管理等能力，更需要职业经理人具备优秀的管理素质。中国职业经理人阶层尚在雏形阶段，而中国企业目前正面临着参与国际市场竞争的严峻挑战与国内经济环境的转变。只有培育一批具备优良素质的职业经理人，才能为我国经济社会发展提供无穷动力。虽然，我国许多职业经理人都在各自岗位上做出了杰出的贡献，然而许多具有长远眼光的企业家、经营者通过反思自身的管理实践效果，反思企业内部不和谐的原因，乃至反思大企业轰然崩塌背后的教训，深刻认识到在新时代中自身的管理素质亟待提升。在此背景下，探讨职业经理人的管理能力培养，具有重要的现实意义和实用价值。

基于上述认识，编者曾于几年前酝酿并开始编写《管理技能：如何培养职业经理人》一书，并致力于帮助读者了解职业经理人基本知识，实现有针对性地开发管理技能。如果说《管理技能：如何培养职业经理人》最后的成书是一个成果，那么这是一个众人智慧的集合。在写作过程中得到了江西理工大学党委书记叶仁荪、江西财经大学校长王乔、MBA 中心主任黄顺春等的指导和帮助，特此表示衷心的感谢。同时，感谢经济管理出版社在出版过程中给予的大力支持。

特别需要说明的是，本书在编写过程中学习、借鉴、吸收和参考了国内外众多专家学者的研究成果及大量相关文献资料，并引用了一些书籍、报刊、网站的部分数据和资料内容，已尽可能地在参考文献中列出，也有部分由于时间紧迫，未能与有关作者一一联系，敬请见谅，在此，对这些成果的作者深表谢意。

限于编写者的学识水平，书中错漏之处在所难免，恳请各位同仁及读者指正。如您希望与笔者进行沟通、交流，发表您的意见，请与我们联系。联系方式：76060742@qq.com 或 eleven9995@sina.com。

目　录

第一章　职业经理人

多数人不能很恰当地说出自己的学问深浅，不是估计偏高，就是估计偏低。认识自己是十分重要的课题，它使我们能够去做最适合自己的事，因而发挥更大的效用。

——爱默生

案例：失败者的成功

某著名大公司招聘职业经理人，应聘者云集，其中不乏高学历、多证书、有经验的人。经过四轮淘汰，剩下6位应聘者竞聘一个经理职位。当面试开始时，主考官发现多了一位面试者，于是问："有不是来参加面试的吗？"这时坐在最后面的一个男子起身说："先生，我第一轮就被淘汰了，但是我想参加下一轮面试。"

人们听到他这么讲都笑了，就连站在门口的为人们倒水的那个老人也忍俊不禁。主考官不以为然地问："你连第一场考试都过不了，还有什么必要来参加面试呢？"这位男子说："因为我掌握了别人没有的财富，我本人即是一大财富。"大家都哈哈大笑了，认为这个人不是大脑有问题就是狂妄自大。这个男子说："我虽然只是本科毕业，只有中级职称，可是我却有着10年的工作经验，曾在12家公司任过职……"这时主考官马上插话："虽然你的学历和职称都不高，但是你有10年的工作经验倒是很不错，不过你先后跳槽12家公司，这可不是一种令人欣赏的行为。"

男子说："先生，我没有跳槽，而是那12家公司先后倒闭了。"在场的人第三次笑了。一个考生说："你真是一个地地道道的失败者!"男子也笑了："不，这不是我的失败，而是那些公司的失败。这些失败积累成了我自己的财富。"

这时，站在门口的老人走上前，给主考官倒茶。男子继续道："我很了解那12家公司，我曾与同事们努力挽救它们，虽然不成功，但是我知道错误和失败的每一个细节，并从中学到了许多东西，这是他人学不到的。很多人只追求成功，而我，更有经验避免错误与失败!"

"我深知，成功的经验大抵相似，容易模仿；而失败的原因各有不同。用10年的时间学习成功经验，不如用同样的时间经历错误与失败，所学的东西会更多、更深刻。别人成功的经历很难成为我们的财富，但别人的失败过程却可以!"

男子离开座位，做出转身出门的样子，又忽然回过头："这10年经历的12家公司，培养、锻炼了我对人、对事、对未来的敏锐洞察力，举个小例子吧——真正的考官，不是您，而是这位倒茶的老人……"

在场所有的人都感到惊愕，目光转而注视着倒茶的老人。那老人诧异之际，很快恢复了镇静，随后笑了："很好! 你被录取了，因为我想知道你是如何知道这一切的?"老人表明是这家大公司的老板。这次轮到这位男子一个人笑了。

失败乃成功之母，失败是财富。世事洞明皆学问，人情练达即文章。注重细节观察，养成观察习惯，长期积累、训练就能够提高洞察力、判断力，能够转化成智慧和财富。要想成为卓越的管理者就必须要经受这些历练。这个案例或许给职业经理人以震撼，或许也有所思考，像这个男子那样的职业经理人肯定不会只有几个，可能有很多，那么如何才能成为一个合格的甚至是优秀的职业经理人呢? 职业经理人的基本准则和素质、能力应具备哪些? 本章首先从一个总体的角度对职业经理人做一个鸟瞰。

一、了解职业经理人

实际上，世界上再复杂的企业，组织架构再庞大、组织链条再长的企业，其实基本形成都是这样的一个基本原理，由于上一层级忙不过来了，需要找一个"替身"，而出现了下一个层级。这样，我们就看到作为下一个层级的人员，他的角色是什么呢？他的角色就是上一个层级的"替身"，或者叫"职务代理人"，各个层级的经理人都是这样形成的。

其实，整个现代企业制度都是这样，整个现代企业就是由这种"委托—代理"关系所形成的长长的链条：公司的投资人成立股东会，股东会作为委托人，委托董事会去代行、代理投资人决定企业的发展。这样，股东会就是委托人，那么董事会就是股东会的代理人。董事会形成之后，董事会又作为委托人，委托经营班子对公司的日常经营进行管理。这样，我们看到，董事会就是委托人，经营班子又是代理人。高层的经理人也是董事会的"替身"，也就是董事会的代理人。企业的其他层级——中层、基层的经理人也是这样的。经营班子又作为委托人，中层的经理人又作为代理人，接受委托人的委托，对自己职责范围内的工作实施有效的管理。基层管理人员的关系也是这样的。我们看到的是各个阶层的经理人，他们的各个层级都是由于需要找一个替身而出现，他的上一个层级是委托人，他是职务代理人，是上司的"替身"，是上一个层级的"替身"。

作为上一个层级，由于委托了代理人，既大大地拓展了管理的跨度又能够腾出精力去做属于自己的事情。把相应的、不同分工的、不同职责的工作交给不同分工的、不同职责的经理人去做，从而能够很好地发挥各个层级经理人的作用。分工而产生的专业性以及协作，将大大提高组织效率和生产力。从专业角度，一个人是不可能掌握公司的各个分工，没有一个人既懂得财务又懂得销售，还懂得技术开发。那么，通过"委托—代理"关系，在自己的职责内实现管理的专业性，尤为必要。这样，我们看到，各个专业领域的经理人，能够在自己的层级上，发挥自己职业的特点，发挥自己作为某一个方面专家的优势，从而大大提高组织的效率。

要通过"委托—代理"关系大大提高组织的效率，前提就是作为代理人也就是作为各个层级上的经理人，必须准确认知自己的角色。

二、什么是职业经理人

会开车的朋友都知道，汽车在使用一段时间之后，为了保持驾驶的正确方向，确保安全行驶，一般都会到专业维修站进行四轮定位。进行四轮定位的好处是：①减少轮胎的不良磨损；②车行正直不会自动偏行（转弯除外）；③直行时方向盘自动回正；④减少底盘磨损及油料耗损。

同理，作为职业经理人的首要问题就是定位自己的角色，明白自己在企业运营中处在什么位置，应该做什么，不应该做什么，如何发挥自己的作用，为企业和自己创造价值。角色定位不准或不清晰，就容易造成角色错位、角色越位、角色不到位和角色迷失等现象，结果是"种了人家的田，荒了自己的地"，出力而不讨好。轻者人际关系不融洽，经常感到莫名其妙的郁闷和烦恼，工作摩擦多，绩效下降；重者则频繁跳槽或被淘汰出局，最终在迷茫的选择中断送了自己的职业前程。

所以，人在职场，就要清晰定位自己的角色。只有角色有了一定之规，才能保证自己不偏离公认和潜在的规则，才能顺利实现自己的职业理想和目标。

（一）经理人的职业化

关于职业经理人如何定义，业界至今仍在争论不休，现在和将来也未必能有一个各方认可的统一标准和完美答案。我们暂且简单地定义一下职业经理人：

所谓职业经理人，就是一群凭品质、能力、业绩吃饭的人，或者说，他们是凭人力资本吃饭的人，而不是凭货币资本吃饭的人。他们将经营管理企业作为长期职业选择，始终保持职业道德和操守；他们具备一定的、满足工作需要的职业素质和能力，接受资本所有者的委托，掌握企业全部或部分经营权；他们是通过实现企业价值进而实现自我价值的个人或群体。

因此，职业经理人的自身定位，首先应从"职业"二字开始。既然是职业，就有职业的标准、规则和要求。

（二）职业经理人的五个要素

由职业经理人的定义，我们可以看出，职业经理人应具备以下五个要素：

（1）清晰的职业目标——以经营管理企业或组织为职业目标。

（2）良好的职业资质——具有良好的企业管理等方面的职业教育背景和从事企业经营管理方面的职业经历。

（3）基本的职业素质——具备业界公认的职业素养、气质、形象，具有良好的职业道德操守，无不良的职业记录。

（4）出色的职业能力——具备业界公认的领导、管理、经营能力，具有稳定而理性的职业思维、行动规范和行为习惯。

（5）一贯的职业表现——有优异和连续的职业业绩记录，受到出资人和同行的良好评价。

应该说，在中国正确评价一个职业经理人的条件还不成熟，职业经理人的操守和业绩记录尚缺乏完备的评价、监督和任用系统，但是，这不能成为正在成长中的经理人不历练自己的借口，相反，我们应该真正按照公认的职业经理人的标准来严格要求自己。

案例：万科职业经理素质模型

万科的职业经理人制度对万科的持续高速成长发挥了重要作用，在业界产生了一定影响，下面是万科的职业经理素质模型，如表1-1所示。

表1-1　万科职业经理素质模型

工作观念	管理技能	专业技能
1. 勇于承担工作责任，有进取意识 2. 集团利益至上，具有全局观念 3. 以积极的态度对待困难和遗留问题 4. 有接纳差异、用人所长的宽广心胸 5. 善待客户，一切从市场出发 6. 尊重规范，不断改进 7. 具备开放心态，善于整合资源，善于创新突破，有能力找到解决问题的办法 8. 不回避矛盾，大胆管理 9. 思维严谨，计划性强 10. 敏感把握，控制到位	1. 善于激励，有号召力 2. 能营造有效沟通的氛围，让沟通成为习惯 3. 有效授权，控制得当 4. 善于培养指导下属，鼓励和支持别人学习 5. 科学决策能力 6. 压力管理能力 7. 组织管理能力 8.时间和会议管理能力	1. 精通本行业的专业技能 2. 知道如何应用专业知识 3. 有系统的理解能力 4. 专业创造力

资料来源：笔者根据《百科周刊》整理。

（三）职业经理人的职业化

职业经理人首先在于"职业"二字。职业经理人与经验型经理人最大的区别在于：经验型或传统型的经理人将工作当作一个饭碗、一个跳板；职业经理人则是将工作当成一项事业、一个平台。或者说，传统经理人是"游击队队长"，职业经理人则是"正规军军长"，传统经理人是"业余选手"，职业经理人则是"职业选手"，如表1-2所示。

表1-2　职业经理人与传统经理人的区别

	职业经理人	传统经理人
道德操守	有明确的职业道德规范和底线；价值观清晰，自律意识强	职业操守不明确，自律意识不强
目标	职业目标明确，制定职业生涯规划	职业目标不明确，顺其自然，当一天和尚撞一天钟
角色	有清晰的角色定位，知道自己是谁，明白该做什么，不该做什么	角色定位不准或没有定位，经常越位、错位、不到位，经常打乱仗
行为	有标准的职业行为规范，如职业礼仪、职业言行、职业沟通等	没有行为规范和意识，凭经验、感觉、好恶、兴趣、性情做事
习惯	有良好的职业习惯，如文明礼貌、善于时间管理、善于倾听、善于激励、会授权等	职业习惯不明显或有一些不良习惯，如不拘小节、自由散漫、我行我素等
知识	具备丰富的企业管理知识与专业知识，并具有学习的能力，能够不断进步	知识功底薄弱，没有学习的愿望和动力，不会学习
技能	有扎实的职业管理技能和专业操作能力，如领导决策能力、沟通能力、绩效管理能力、团队管理能力、学习创新能力等	管理能力和专业能力欠缺，一切凭过去的经验办事，工作没有章法和套路

	职业经理人	传统经理人
态度	阳光心态，积极主动，情绪稳定，自我调节能力强	情绪和心态不稳定，自我调节能力差，消极和负面情绪多
结果	职业人生，精彩自己，贡献企业	游戏人生，浪费自己，耽误企业

"职业化"就是职业行为与职业操守的固化与习惯化，是职业经理人训练有素的具体体现，在职业素养、行为和技能等方面，职业人要满足企业与职场的需要。

"职业化"是国际化的职场准则，是职业人必须遵循的第一游戏规则，是职业人的基本素质，是在处理与社会、出资人、企业、同事、顾客、合作伙伴、竞争对手等各方面的利益关系时所必须遵守的道德与行为准则。想参与职场竞争，想要成为其中的成功者，想要取得职业生涯的可持续发展，就必须懂得和坚守这些职业准则与基本规范。

所以，作为职业人，要把职业追求当成自己人生的最终追求，把自己的职业价值当成自己最终的人生价值期许。职业人要在知识、技能、观念、思维、态度、心理、行为、道德、资质等方面持续不断地修炼自己，尽力实现工作状态的标准化、规范化、制度化与程序化，在适当的时间、适当的地点，说适当的话，做适当的事，达到"随心所欲而不逾矩"的职业境界。

案例："孤独"的斯隆

斯隆是美国通用汽车公司的前总裁，在他的精心领导和治理下，美国通用达到前所未有的高度，创造了几十年连续增长的不败业绩，成为世界企业巨人，斯隆也因此被企业界称为"现代化组织的天才"，成就了自己辉煌的职业人生。

年轻时的斯隆是个性情中人，他爱好广泛，喜欢交友，为人厚道，深得朋友和同事们的欢迎和尊重。可是，当上了通用公司总裁之后，他好像换了个人，工作时不苟言笑，对待同事或下属总是彬彬有礼、不远不近，哪怕是他从前的好友，他也刻意同他们保持一定距离。有些从前的同事和朋友说他当了总裁后地位高了，架子大了。听到这些冤枉自己的话，斯隆说："没有人喜欢孤寂，我也喜欢交友，喜欢身边有个伴，可是公司给我高薪，不是让我来交朋友的。我的工作是评估公司里的人表现如何，从而做出正确的人事决策。假如我和共事的人有交情，自然就会有好恶之分，会影响我做出决定。因此，职责在身，我不能在工作场合建立私交。"

所以，在外人看来，斯隆是一个刻板严厉、只讲工作不讲感情的人。没有人知道他的爱好，也没有人能读懂他孤独的外表下所蕴含的丰富情感。正因为如此，斯隆才能不受任何私人偏见的影响，在公事公办的准则下做出科学合理的正确决策。

中国有句古话："楚王好细腰，宫中多饿死。"说的是楚国的宫女为了讨得楚王的欢心，疯狂地减肥瘦身，结果发生了自己把自己活活饿死的悲剧。这就是说，上有所好，下必顺之、投之、效之。每个人都有爱好，也有爱好的权利。作为一个自然人，你可以爱、可以恨、可以哭、可以笑，七情六欲、嬉笑怒骂都没问题。但是，作为一个职业人、一个职业经理人，当你进行与工作有关的任何活动时，你就要注意自己的一言一行，因为你的爱好和言行可能会成为别人进攻你的缺口，从而影响到你的职业作为。

三、职业经理人的角色之一：公司下属

说到底，职业经理人终归是个打工者，他并不拥有企业的所有权，与普通员工相比，同样是老板聘请来的员工，只不过身份高一点罢了。职业经理人的工作，只能在授权的范围之内开创天地，尤其是遇到与老板的想法不一致的时候，若难以说服老板，但又想留下来继续工作，妥协是职业经理人的不二选择，毕竟是老板决定着职业经理人在企业中的命运。

（一）作为下属必须遵循的职业准则

1. 你的职权基础是来自上司的委托或任命，你对上司负责

我们作为一个职业代理人，我们职权的基础是来自我们上司的委托和任命，离开上司的委托和任命，我们什么也不是。我们之所以能够给下属发号施令，能够在自己的职责范围内进行管理，法定权力的基础就是来自上司的委托或任命，谁任命你或者你对谁负责，这件事情是统一的。当你的公司委托你或任命你时，那你就应该对你的上司负责任，这一点是非常明确的。

2. 你是上司的代表，你的言行是一种职务行为

既然你是作为上司的职务代理人，那么你就等于是他的代表，在职权范围内，去代行他的职责，在这种情况下，你在职责范围内的言行都是一种职业行为，你代表了你的上司或者公司。也就是说，当你对下属发表言论，或者对下属的某些行为做出评价、处理的时候，其实你不是代表你个人，你代表的是一个组织或者是你的上司。

作为一个职务代理人，你应该站在你的委托人的角度、上司的角度去看问题。就像你请了一个律师，你请的律师就是你的代理人，你是委托人，你的律师应该站在谁的角度看问题呢？当然应该站在你的角度。他应该站在谁的角度去打这个官司呢？应该站在你的角度。他应该是代表你的意见或者是代表了你的利益，而不是代表他自己的利益。

你也一样，在工作当中，你作为一个职务代理人，应该站在你上司的角度去看待问题，而不能只站在部门利益、局部利益或你个人的利益上。

3. 执行上司的决议

作为一名职业经理人，其中很重要的一点就是要坚决执行公司或上司做出的各项决议和决定。一旦决定做出，那么就要坚决地贯彻和落实，即使我们对上司的这项决定有一些自己的看法，但是上司一旦决定，无论我们有什么样的看法和建议，都要首先坚决地去执行。不能打折扣，也不能想在自己的"一亩三分地"做出改变，觉得不符合自己的实际，就不执行，或者变通执行，都是不行的，这不是职业经理人职业的做法。

另外，作为职业经理人，如果你的想法与上司的想法不一致，你怎么办呢？如果你认为上司的想法很明显的不合理，或者很明显的有重大漏洞或问题，会对业务造成重大损失的时候，你怎么办呢？是执行还是不执行？请注意：这时候你要坚决地去执行。因为作为企业的经理人来讲，你上司的错误或者决策错误的现象是少见的或者罕见的，而我们不执行或者不落实决定而造成公司的目标在我们这里出现中断，公司制度到我们这里出现松弛等，给公司造成的危害却是常见的、频繁的。我们和上司之间如果有什么分歧，或者上司的想法不对，在上司没有做出决议之前我们可以和上司商讨，可以去说服，可以去建议，但是上司如果说："决议已做出，还有什么问题吗？"这时候，我们任何的争论都是没有意义的。我们作为下属应该说："没有了，我会坚决地去完成。"在执行的过程当中，如果我们对此还有自己的看法，可以拿出一些证据来逐步影响上司，以便使上司能够采纳我们的建议，最后做出更为正确的决定。

4. 在职权范围内做事

作为一名职务代理人，很显然我们要尽职尽责做好我们职责范围内的事情。这里所说的尽职尽责，其基本意思就是我们要按照委托人的期望去做事情，要为了组织目标去做事情。在职权范围内做事，即意味着作为职业经理人首先是要做职权范围内的事情，也意味着超越自己职权范围内或不是职权内的事情，除非公司提出特殊的要求或和自己职责的履行有密切的关系，否则的话，我们不去介入。在一个公司里面，有很多的事情，我们都很关心，很多事情我们也想过问，但是我们要明白，我们的职权范围是什么。我们要明白，企业之所以需要我们，就是需要我们做好属于自己的事情，其他人的事情，就由其他人去做。只有在这种前提下，我们做好自己职责范围内的事情之后，才可能实现很好的协作。如果连自己的事情都做不好，还天天替别人操心，那就是角色错位了。

（二）作为下属职业经理常见的角色错位

1. 民意代表

有些经理人，往往把自己错位成民意代表，好像他是他的部门、他的公司群众选举出来的领袖，代表民意。当公司制度推行时，当公司制定什么目标时，当公司有什么思路时，当公司某些制度、工作与下面员工或群众的意见或想法不一致时，有些人往往以民意代表的身份出现，代表自己的部门和公司群众意见，要和上司谈一谈。这个时候，很多经理人的主观愿望是良好的，为什么呢？他们要关心他的下属，要替他们的下属向上级反映情况，反映来自基层、来自群众的呼声，这种愿望是好的，但是，由于没有正确认知自己的角色，因而发生了角色的错位，结果不但没有很好地履行自己的职责，也并没有很好地反映来自员工的呼声。

案例

员工认为现在公司的考勤制度不合理，迟到 10 分钟就扣 30 元，你的员工认为不合理，跟你发牢骚、抱怨，你怎么办呢？

首先你应该站出来解释，请大家理解，公司之所以定这样的考勤制度是有它的道理的，是考虑到方方面面的因素后制定的，我们要理解它的合理性。其次我们应该告诉员工，所有公司的制度都是在逐步的发展中不断完善的，公司将会在适当的时候，根据公司的发展需要加以调整。

作为一名职业经理人如何解决这个问题？

第一种方案：承认公司的制度确实不合理、不好。对上司说："迟到 10 分钟就扣 30 元，这么严格，谁还干活！另外，晚上加班加点，第二天稍微迟到就不行，还有一些人的工作时间是弹性制，其实在家里工作的时间很多，喜欢夜间工作，不喜欢白天工作，对他们的工作时间，就要弹性地去安排……"

如果这样去发言，随随便便去迎合你下属的想法的话，这就错了。

第二种方案：肯定公司的制度是对的，但下属们的想法有道理，也有合理性。可以对上司说："我认为公司考勤制度是不是有些地方需要改进一下，因为我们部门的许多人的工作时间都是在夜间，这样的话，还要保证早上 8 点钟到公司，那么他们的工作效率就很低，这些年轻人就是喜欢在夜间工作，工作效率也确实很高，我们能不能考虑他们的特殊情况呢，一部分工作时间放在家里，考勤在特定时候不要那么严格，或者对他们采用另外的考勤方法……"

2. 领主

有的经理人，往往把自己错位成封建王国的领主一样。自己在某一个地方、某一个部门，或者某一公司待的时间一长，就认为这"一亩三分地"是自己的了，自己的事情自己说了算，自己的人、财、物谁也不能动，都要自己决定才行，往往时间长了就在自己的部门形成风吹不进、针插不进的局面。一些经理人，当公司上级向自己要调动一个人的时候，他往往不同意。为什么？他认为调我的人、用我的人，影响了我的工作。当公司需要自己部门的资源配合的时候，需要资源共享、资源信息的时候，他往往不同意，甚至和自己的上司顶着干。

这种情况，是由三种原因引起的：

（1）好心办坏事。也就是善意地想把工作做好，善意地为公司做工作，结果客观上就形成了领主的错位。

案例

一个球场上的队员，必须执行球队的纪律，当球队打的是防守反击的时候，你就必须按照打防守反击的策略在球场上踢球。你没有按照打防守反击策略踢球，而是发扬你的个人英雄主义，想快速进球就去快速地突破，本来是先防守，然后抓住机会去进球，而你是想进球却不防守，把整个策略都打乱了，很可能导致后卫的吃紧，导致你的竞争对手先进球，这样整个球队就打不了胜仗了。即使你偶然进了一个球，但在很多时候你不是进球，而是漏球，导致球队失败。

一个公司也是这样的，一个投资人或者一个上司，他们制定一个战略，有他们长期的考虑，有他们发展目标上的考虑。我们作为一个经理人，主要是做好执行，在某个环节、某个时期、某一方面或者某个领域内去履行好上司的决定，执行好我们的职责。只有这样，整个公司才能整体地实现全盘的战略和管理。

（2）无意办坏事，但客观上造成了坏影响。当上司把一个公司或部门交给一个职业经理的时候，这个职业经理就认为既然你给了我相应的授权，既然委托了我，那么这个部门或者公司就应该我说了算，只有树立了我的权威，才能将这个部门或者公司管理好，才能够保持良好的运转。所以，有一些经理对于上司或者对于其他职能部门的要求，工作上相互配合，或者管理上相互监督等，有时候是很反感的，往往认为是给自己的工作添麻烦，或者是和自己过不去等。

有些经理人在实行目标管理的时候，认为你现在给我制定一个目标，最后只向我要这个结果就可以了，我怎么去做、怎么实现、人怎么管，都由我来安排。

很多经理人这样的错误是无意的，但客观上造成了很多负面的不良影响。

（3）有意做领主。有些人是有意识地把自己错位成领主，过多地考虑自己的利益，考虑自己的个人利益和自己部门的利益，个人利益至上、部门利益至上，只要是影响到个人的利益，影响到部门的利益，也就是小团体的利益，他是绝对不允许的。

案例

在某公司，有一个员工到公司里去找老总反映意见。该公司规模比较大，一般员工是不会找到老总的，但是这名员工找到老总反映情况，认为下面公司一个做法不合理。老总接待了这名员工，感到很奇怪："你反映的这个情况，公司有了新制度，早就不做了，你怎么还反映这个情况呢？"员工说："没有啊！我们那里还是这种做法呀！"这位老总觉得很奇怪，然后就下去查，结果发现，虽然这个事情公司开了会，发了文件，定了制度，但是下面公司的经理将文件拿回去后放在自己的文件堆里，早就给忘了。

其实，这就是典型的"领主"倾向，这种典型的"领主"倾向将使得公司的管理效率大大降低。一个规范的企业，是绝对不允许这种情况发生的。作为一名职业的经理人，如果你有这种倾向的话，是相当危险的。一次次强调你部门的利益，一次次地因为你部门的特殊情况表示拒绝或不去执行的话，上司的看法是什么？一次两次你的上司会原谅你、理解你，甚至说他没有心思和精力去管你。但是，你要想到：你在上司面前犯了一个很难原谅、长期蒙上阴影的错误。这样，对你作为一名职业经理人、对组织目标，实际上都是非常不利的。

3. 向上错位

有一些职业经理在管理自己部门或自己公司的时候往往还过多考虑高层、其他部门，这就是向上错位。作为一个职业经理人，应该知道一个基本的原则，就是我们常说的"位置决定观点"，超出你的位置，超出你职权范围内的事情，你无权随便地议论，应该保持沉默。

我们作为经理人，不能超越自己的职责和权限，去说不该说的话，去做不该做的事。对于公司的事情，对于上司的事情，对于其他部门的事情，我们不能随随便便在下面议论，随随便便在下面评头论足，随随便便谈论自己的想法。如果我们真想向上司贡献我们的想法，应该通过正常的渠道，谈出我们的想法、建议。如果别人能听得进去是件好事，如果听不进去，我们也不要感觉不舒服。那是别人所管辖的事情，作为旁观者只是一个建议，对于不同意的，也要坚决服从和执行，这是我们的本分。

4. 自然人

有很多经理人往往把自己错位成"自然人"，表现在以下几种情况：

（1）同情。在部门里，或在私下里，当下属抱怨公司的高层领导，或抱怨公司的制度、措施、计划时，有的经理人也跟着一起，并表示同情。

（2）沉默。以某种方式沉默，既不同情，也不反对。

（3）反对。公开站出来反对大家的这种议论。

（4）支持。表示支持，随后充当"代言人"（民意代表）向公司高层反映。

这四种表现中，充当"民意代表"是错误的，这在前文中已经做出说明，在后面的"作为台前老板"中还要充分说明。公开站出来表示"反对"，需要勇气，另外还需要分析事情的轻重和场合。

案例

有一个公司里出现了这样一件事情。公司有一个大客户，大客户有一个亲属刚毕业，客户向公司介绍说，我的这个亲属，现在大学毕业在找工作，能不能到你们公司来工作呢？公司老总听后，同意了。大客户嘛，不敢得罪，况且大客户的亲属也是大学毕业，公司也需要人，就让他来吧！这样就来上班了。结果上班的第三天，这个人就走了，也就是大客户的亲属走了。总经理觉得非常奇怪，怎么上班第三天就走了？问经理，经理说不知道怎么回事。然后，就问大客户，刚开始大客户也不讲，后来才说出原因。为什么上班第三天就走了呢？原来是这样的：上班的第二天，他的经理就问他谁介绍你来的呀？这个新的员工说，某某介绍来的，他的经理就说："你怎么跑到我们公司来上班来了，我们公司可是一个多月没发工资了。"结果这个新来的员工一听说一个多月没发工资，公司管理乱七八糟，第三天就不来了。

这个经理实际上就是把自己错位成了"自然人"。公司有困难，一个多月没发工资，任何人都会有抱怨，但是我们作为经理人，我们的抱怨应该对谁讲，难道应该向我们的下属抱怨，发泄我们的不满吗？显然是不对的。在下属面前我们代表的是公司，我们的言行是一种职务行为，这时候我们代表的是公司，而不是代表我们个人。作为上司的"替身"，我们应该明白我们有责任去稳住军心。公司有困难希望大家理解，那么这个时候我们不应该对下属讲，反而应该去鼓舞下属，让我们一起渡过难关。我们对公司的抱怨，可以直接和上司谈。而和下属谈，就是把自己错位成自然人，这是自然人的行为，这就是典型的角色错位。

四、职业经理角色之二：台前老板

职业经理人虽然不是真正的"老板"，但是，在许多员工看来，他就是老板。是他在台前冲锋陷阵，左右着公司和每一个员工的发展前景，引领着整个企业大踏步地登上新的台阶。是职业经理人，在全面负责着企业的运作，如财务、人事、经营、物流等，承担着法人财产的保值、增值责任。高级职业经理人在公司里，处于"一人之下、万人之上"的位置。有时，高层职业经理人的建议也会左右着老板的决定。作为台前老板的职业经理人，角色应完成七大变化，并在五大角色中转换。

（一）职业经理人角色七大变化

1. 从做业务到做管理

在公司里，类似的业务问题都是职业经理所必须解决的，职业经理还必须面对比高层多得多的管理问题，许多经理常常陷入业务与管理的两难境地。

案例

有一个公司里面有一个经理，这个公司是做跨国公司的业务外包的。每一次外包的单子来之后，这位经理就给大家开个会，工作一布置，就一头扎进去，甚至几周都不出来，加班加点地设计软件，自己所管理的部门已经乱成一锅粥，他也没有心思管。他觉得，只要我加班加点将这些工作做好，他们乱的程度就会好了，他们就能够顺了，如果我把工作交给他们做，只会让他们更乱。

案例

有一个公司的经理，讲了这样一件事，说他们公司70%以上的业务都是他一个人做的，剩下的几十人做不到30%的业务，他太累了。当问到为什么他一个人做了70%，其他人做了不到30%，他说，我们这个行业，说白了是个"背叛"的行业，交给其他人做，其他人做熟了就会把业务带走，客户、资料都带走，最后什么都带走了。不是我对他们的能力不放心，是对人品不放心，所以我不得不亲自做这些。

在上述情况下，应该怎么办呢？是你自己亲自做呢？还是要真正解决这个问题呢？我们的答案是去解决这个问题，也就是去做管理。如果你遇到的问题是对他们不放心，他们有另立山头的倾向，我们作为经理人首要的任务是解决这个问题，而不是自己拼死拼活地去做。虽然你的愿望是好的，但是你的能力是有限的，以你的能力为半径画一个圆，你一个人能画多大呢？这是很有限的。当我们遇到业务和管理两难的时候，就要从管理和业务上优先排序，管理要排在优先位置，也就是先做好管理，为其他人搭好平台，让你的下属在能够很好地做事情的情况下做属于他自己的事情，然后你再去解决业务上必须你去做的事情。现实中，根据业务与管理的关系，常见四种类型的职业经理人：

（1）管理能力很强、业务能力很弱的"官僚型"经理。"官僚型"经理对于管理比较在行，但是业务能力低，行业情况等都不太了解，这样的经理管理也只是行政上的管理，缺乏企业的管理能力。

案例

有一些民营企业和外资企业前几年在互联网热的时候，聘请从国外回来的MBA。这些MBA，刚毕业就被很多企业聘为CEO等，这些人实际上就是"官僚型"经理，只懂得管理而不懂得行业和业务。其实他们所谓的管理能力也只是书本上的管理能力，而没有经过具体的管理实践，甚至所谓的管理实践也不过是在某些跨国公司某一方面的工作经验，他们的工作经验和管理经验，特别是管理我们中国企业的能力还有一定的差距。那么这时候，他们往往就是这种"官僚型"的经理，实际是我们企业不需要的，意味着对企业有着巨大的风险，他们的管理往往会给企业带来不必要的损失。

（2）管理能力很弱、业务能力很强的"业务员型"经理。"业务员型"经理的业务能力很强，技术能力很强，但是这些人虽然在经理的岗位上，但他们的思维方式和工作方式往往还是"业务员"或"技术员"型的工作方式。

案例

有一个企业的经理人说："我不是不想做管理，我是实在没有时间，等我忙过这段时间后，再把公司管理上的事情好好整理一下。"

这种想法实际上是错误的。虽然说感觉到是无可奈何的，但我们为什么会无可奈何呢？为什么会在工作上陷入一个个被动的境地呢？有些事情为什么不得不由你去处理呢？这就是我们在管理上没做好，所以才导致我们不得不替下面做很多业务上的事情，才造成离不开我们的局面。如果你认为把业务做好再说，就会陷入一种恶性循环：管理做不好，就要花很多时间去做业务，你就没有时间去做管理，问题又会更多、更糟。所以就会发现最后你长不大，你的下属长不大，你长不大是因为你的业绩做到一定程度就再也上不去了，就是以你的能力为半径画了个圆，画多大是多大；你也会发现你的下属越来越无能，你的下属什么事情都不得力，他们的业务能力越来越差，你没有时间培养你的下属，你没有充分的时间让你的下属去尝试，下属的业务能力和你的差距越来越大。这样，不仅对你是个悲哀，对企业来讲也是个悲哀。当然，有很多职业经理说："这也是没办法的，因为公司追求短期行为，想的都是短期的目标，我不得不把这个季度的目标实现了，才有下个季度，如果连这个季度都实现不了的话，我这个经理位置也保不住了。"这种想法是不对的，但这是公司整体环境造成的。

（3）业务和管理能力都很强的"精英型"经理人。这就是我们常说的职业经理人目标，作为职业经理应成为业务和管理能力都很强的经理，只有这样才能发挥我们作为职业经理的作用，那么也就是意味着成为"精英型"的经理，成为企业的"人才"，才能带领一队人马，为企业做贡献。

2001 年在纽约"财富 500 强"年会上，杰克·韦尔奇曾经说道，企业的管理并没有什么奥秘，其实就是给企业 20% 的人加薪再加薪，10% 的人淘汰再淘汰。企业 80% 的财富是 20% 的人创造出来的，企业的经理阶层也是一样的，真正给企业创造财富的是 20% 的经理，往往就是"精英型"经理，既懂管理又懂业务的经理，而不是仅懂得业务的经理。

（4）管理能力很弱、业务能力很弱的经理，我们叫他"堕落型"经理，这种经理也叫作"人裁"，这是我们企业不需要的人才。

2. 在实现方式上，从"野牛型"走向"雁群型"

16 世纪以前，在南美的大草原上，曾有一种动物是南美大陆的主宰，这种动物就是"野牛"，当时有几千头野牛甚至几万头野牛形成一个野牛群，这个野牛群出来的时候浩浩荡荡，所有狮子、老虎都躲得很远。16世纪，西班牙人来到南美的大陆，看到野牛群的时候也很害怕，都要躲起来。后来就想到猎杀这些野牛，怎么办呢？开始没有什么办法，后来发现一个特点，就是这万头野牛只有一个首领，所有野牛都对这头野牛首领忠心耿耿，当这头野牛首领往东，所有野牛往东，当这头野牛首领往西，所有野牛往西，当这头野牛首领在原地时，所有野牛就都在原地。发现这个特点以后，西班牙人就去猎杀这头野牛首领，一枪打死这头野牛首领后，所有野牛都站在原地不动，不知所措，然后西班牙人一枪一枪将所有野牛打死。最后野牛群就在南美大陆消失了。

我们看到野牛群是这样的，现在我们的企业不也是这样的吗？整个企业只有一个首领最精明，他最正确，所有的人都跟着他走。也就是他往东，大家都跟着往东，他一声号令往西，大家就往西。这种情况下我们看到这个"野牛首领"要永远正确，要永远健在，这个企业才可能得到持续发展。如果这个"野牛首领"不在了、退休了，那么这个企业就完了。把一个企业压在一个人的身上，其实是十分危险的。由于中国企业大多是从非常艰苦的情况下不断创业发展起来的，在发展起来之后，许多经理人往往有个错觉，觉得自己非常英明，永远是正确的，永远按照自己的想法走，才能不断发展。很多企业不习惯别人向自己提出很多挑战，这种情况下企业的发展就十分危险，一个"野牛型"的领导导致整个企业走向灭亡。一个人在创业的时候可能正确过，正因为正确才把企业带起来，但我们自己不可能永远正确。我们有智慧，所以才考虑在企业里应该调动大家，让大家把他们的智慧贡献出来，发挥大家的智慧。如果我们过去是"野牛型"领导的话，就应该尽快向"雁群型"领导转换。

"雁群型"领导就是像雁群一样，领头雁不是永远在前面。由于领头雁承受的空气阻力最大，体力消耗最大，如果一直靠自己领飞，飞不了多远就会掉下来。所以，雁群是交替领飞，发挥整个团队的作用，这样才能飞得很远。作为经理人，关键不是自己多么高明、绝对正确，而是在于发挥一个团队的作用。

3. 在组织方式上，从个性化向组织化转变

许多经理人是做业务或者做技术出身的，他们的工作方式往往是个性化的。

什么是个性化呢？个性化就是本来一个企业有组织的设计、组织的分工、组织的角色，有各个岗位的设置和职责，但是许多职业经理不习惯按照组织的分工，在组织的框架内由相关的部门或者相应的岗位去履行各自的职责，许多事情都是以自己的判断为标准，什么都自己说了算。虽然公司有部门的分设和岗位的设置，但是很多公司的部门设置、岗位设置、职能描述等形同虚设。

案例

　　某公司在年初制定了一个员工的发展目标，要求在年度内对全公司的经理以及员工进行能力提升和素质的培训。目标制定了，当根据公司设定的目标去制定具体计划的时候，人力资源部经理找了一些外面举办的培训班或者课程的资料，向老总请示汇报："根据今年定的目标，要对公司的经理进行培训，现在外面有几个培训班，能不能让他们先去听听课，如果觉得合适，我们再进一步引进？"老总看着这些培训的资料说："不错，只不过老师的实战工作经验不够，能不能找一些实战经验丰富的老师来讲？"人力资源部经理根据老总的指示，回去又找了些实战经验更强的老师的资料，拿给老总。老总看了又说："不错，但是咱们公司经费有点紧张，这个是不是有点贵了，能不能找几个便宜些的课程来参加？"人力资源部经理又根据老总的指示去找了些材料，向老总请示。老总说："不错，但是咱们公司最大的问题是绩效考核方面，咱们的培训能不能就围绕绩效考核开始，如果有绩效考核的课程都让他们参加，让大家学习学习，其他的课程还不是重要的。"人力资源部经理又回去找新的课程，如此反复，该公司的人力资源部经理前后向老总请示了6次，最后派几个经理去参加外面培训的事情才算定了下来。

　　在这个案例当中，这个老总的工作就是典型的个性化方式。既然公司设置了人力资源部经理，设定了我们企业在人力资源方面的目标后，就应该授权让人力资源部经理去做，谁该去谁不该去，关于课程筛选、价格等方面的事情，本来就是人力资源部经理的职责。另外，从专业分工来讲，人力资源部经理比老总更懂行。这里的问题是很多老总怕下面的人不懂、做不好，往往以自己的判断来作为这件事情可不可以做的依据，我们可以问一句，总经理就懂吗？难道你知道外面的价格就是多少吗？难道你就知道哪个课程更适合你们公司吗？人力资源部经理应该知道这一点还是你更应该知道这一点呢？显然是你的人力资源部经理更应该知道这一点，并且你的人力资源部经理往往比你更懂行。

4. 在人际关系上，要从感情关系走向事业关系

案例

下属出差一天，根据公司的规定，一天的差旅费是 240 元，如果下属出差一天花了 360 元，怎么办呢？有的经理就跟下属说你填个一天半吧，填一天半就给你报了吧！

以这种方式，以牺牲公司规章制度的方式来讨得下属的喜欢，甚至有些经理人跟着下属一块骂公司、骂老板、骂其他部门等，该处理的不处理，该制止的不制止，有时候甚至拿公司的资源去讨好下属，甚至替下属掩盖一些问题、过失等来尽可能讨得下属喜欢。这种讨下属喜欢的行为最直接的后果就是公司的很多事情没人管，公司的一些不正之风、不好的现象往往除了公司大老板外，没有人管，都装着不知道，都多一事不如少一事，都怕得罪人，这样怎么可以呢？

作为一个职业经理，我们应该知道到公司是干什么的，公司为什么需要我们，我们最大的目标、最大的责任就是为公司创造价值，为了高的绩效。职业经理的最大价值在于达成高绩效，不断地创造价值。我们不是"维持会会长"，不是"居委会主任"，也不是一个群众团体的负责人，不是幼儿园的阿姨，我们的老板之所以聘用我们，之所以请我们在这个位置，不是让我们来维持秩序的，不是来搞好社会关系的，不是来搞好人际关系的，而是让我们干事来的，让我们追求企业的价值来的。

既然是这样，如果我们老怕得罪人，都想讨得下属的喜欢，这就使得我们背离了我们的责任或者我们应有的位置。

另外，讨好下属，最后能得到什么呢？能够有助于工作吗？值得怀疑。我们到企业来是为追求企业的价值，追求企业的目标，为了企业的发展，为了给企业创造高绩效而来的，我们的下属也是因为这点而被聘用到公司。作为一个组织，作为一个组织层面上的经理人，我们的下属作为组织的一员，我们的关系很显然首先是事业关系，也就是和下属是为事业的同一个目标而走到一起的，离开这一点，我们在企业的关系都是不存在的。如果我们不是企业中的人，我们是自然人，也许我们是好朋友，也许我们是陌生人，所以我们看到离开了事业关系，离开了为组织目标而去努力的这层关系，我们这种单纯的人际关系是没有价值的。不但没有价值，对事业关系还是一个损害。有很多职业经理为了照顾人际关系、照顾感情关系，往往以牺牲事业、牺牲组织目标为代价，如果这样的话，一个职业经理是不可能有很多发展的，他最终不可能成为给企业带来高绩效的职业经理。

5. 在工作力度上，从守成走向变革

职业经理面临着守成与创新的两难。

所谓创新，就是面对不断变化的市场、不断变化的产品、不断变化的服务和不断变化的业务。在业务、管理上必须有所创新、不断创新，甚至时时创新，墨守成规将无法提升竞争力。在信息化时代，在知识经济面前，不创新、不变化就意味着等死，就可能随时被淘汰出局。所谓守成，就是面对不断变化的市场，甚至不断变化的上司，职业经理必须"墨守成规"，必须坚持公司既定的规章制度、市场、客户、渠道、管理方式、价值观，做到不变、不走样。

这一"两难"在管理上表现得最为突出：一方面，面对市场挑战和国际竞争，企业需要在产权、机制、组织、观念、管理上全面创新，才能应对这一挑战。其中管理创新的压力很大，甚至以一种混乱的、被动的形式迫使管理不断创新。另一方面，职业经理只是公司管理的一个环节、一个层面，职业经理不能"乱说乱动"，想怎样做就怎样做，在没有得到高层的认可、各部门的同意和下属们的理解之前，必须维护已有的、现行的制度和规范，即使是错的、可笑的、明显过时的，也必须维护。

这一"两难"意味着：职业经理既容易成为公司创新的推动力，也容易成为创新的阻碍。职业经理创新与守成具有不对称性（创新的个人成本比守成的个人成本要大得多），公司创新一般来说要求打破原有的内部利益格局，而职业经理常常是既得利益的失去者，所以许多职业经理倾向于守成。在公司中常常出现的现象是：平时谈论创新最多、牢骚最多的是经理们（将自己管理上的问题归罪于公司层面上的问题），一旦公司推行一种新的管理制度、一种新的机制或方法，明里暗里抵触的、反对的常常是经理们。

6. 在管理方式上，面临着从指挥走向授权

很多职业经理在其成长初期，由于是从业务员、技术员，或者独自从个体户逐步做起来，所以很多人习惯于指挥式的管理方式，往往以自己给下属下达命令，让其按照自己的某些做法去做的方式来管理下属。而且往往对下属的评价是以直观的判断，看着下属努力干活还是没努力干活，是工作积极还是工作不积极等，以眼见为实的方式对下属的工作做出评价。如果过去是这样的管理方式，那么现在越来越不能适应组织发展的需要了。

案例

某公司总经理在办公区巡视，当走到某一个员工座位旁边，看到该员工正在电脑前工作，便站在旁边看了一会儿，然后拍拍这位员工的肩膀，说："小伙子，不错，好好干。"当这位经理离开后，这位小伙子马上对相邻座位上的员工说："刚才我在网上玩，老总说不错，好好干。"

我们可以看到，随着现代工作方式的复杂化，我们越来越不懂得员工的工作内容了，也越来越不懂得员工的工作到底是以什么方式来进行了，随着管理跨度的增大、管理链条的延长，我们作为经理人越来越难以眼见为实的方式进行管理了。如果仅靠自己直观的判断，靠自己的理解程度去进行管理、指挥，就会出现上述的笑话。

只有有效授权才有成就感，才能把员工的主观能动性、工作的积极性以及员工的智慧、才能发挥出来。而我们很多经理人往往认为下属能力低，对下属不放

心，所以对下属不敢授权而是进行指挥，让下属按着自己的想法做就行了，显然这是不行的。如果我们希望下属能够更好地完成工作目标，我们作为一个经理人能够发挥更大的作用，能够领导更大的团队，能够达成更高的业绩，我们就不能仅局限于以指挥的领导方式来领导下属，而是必须授权。

7. 在目标上，面临从个人目标向团队目标的转变

如果我们过去作为一个业务员或技术员，追求的目标只是我们个人的目标，也就是上司给我什么工作我就做什么，更多的是自己完成自己的目标，或者说下达给我个人的目标，我完成就行了。这样的话，我们很多人就可以说是个人英雄主义，有些人个人能力的确可以得到体现。有些人能力很强，上级布置的任务很快就完成了，而有些人能力很弱，上级布置的工作很难完成。所以，当我们是一个业务员或技术员的时候，只需想你个人的任务怎么完成就可以，怎样达到目标就行了，不用考虑别的。

而如果你是职业经理了，就不是一个人在做事情，而是在领导一队人马、领导一个团队来做事情，你工作的首要目标就不在于是你自己完成工作任务的多少，而是你的团队完成任务的多少；不是考虑你个人目标实现的多少，而是团队的目标怎么实现。当我们从个人目标怎么实现转向团队目标怎样实现时，这对于我们来讲是一个巨大的转变，对我们也是一个巨大的挑战。毕竟自己做事情不管是挫折也好，成功也好，总之自己可以决定，不涉及其他太多的人，只要自己愿意、自己有能力就能够完成。但是，达到团队目标就复杂了，也就是要想到别人愿不愿意干，别人认同不认同这个团队目标，别人有没有能力干，我怎么才能让别人像我们一样努力，怎样让别人能够真心真意地、非常努力地去为实现这个目标而努力工作。

（二）职业经理的五大角色

1. 管理者

作为上司的职业经理，首先是管理者。所谓管理者，就是"通过他人达成目标"的人。所以，职业经理的首要任务是：如何让下属去工作。

职业经理需要做的事项：

（1）制定年度工作目标和年度计划；

（2）向下属分解部门工作目标，并帮助下属建立工作计划；

（3）建立部门政策；

（4）下属的绩效标准设定、评估和反馈，帮助下属提升和改进；

（5）审查日常和每周、每月生产、销售或工作报告；

（6）选择面试员工（配合人力资源部）。

职业经理的管理对象：人员、固定资产、无形资产、财务、信息、客户、时间、计划、组织、控制。

2. 领导者

通常人们会将上司称为"领导"，但是，领导实际上不是一种职位概念，而是上司的一种行为方式。

在公司里，设备、材料、产品、信息、时间需要管理，也可以管理，而人却需要领导。小企业做事，大企业做人。职业经理的角色不只是对所拥有的资源进行计划、组织、控制、协调，关键在于发挥你的影响力，把下属们凝聚成一支有战斗力的团队，同时，激励下属、指导下属，选择最有效的沟通渠道，处理成员之间的冲突，帮助下属提升能力。这就是领导，这是职业经理十分重要的角色。

3. 教练

如果你的下属的能力不能提升，如果你等着下属们"实践出真知"，你就失职了。不仅失职，而且这就可能是你的部门经常不能很好地达到目标的原因。

另外，你不要以为这是公司的事情、人力资源部的事情。当你感到下属的能力不足以应付工作的挑战时，你可能会责备公司的人力资源部没有给你招聘到合格的人才，可能会责备公司没有安排专门的培训。其实，一项国际调查表明：员工的工作能力 70% 是在直接上司的训练中得到的。也就是说 70% 与你有关。 所以，如果你想让下属们有很高的工作绩效，想顺利地通过下属们完成工作，你就必须成为教练。充当教练的角色，不断地在工作当中训练你的下属们，而不是只知道用他们。

4. 变革者

在世界经济一体化的今天，整个社会已经进入一个"十倍速"变革的时代、一个"快鱼吃慢鱼"的时代，谁跑得慢，谁就会被市场所抛弃。世界500强企业的平均寿命只有40年，而长寿的企业无一例外是不断变革的企业。

不要以为变革是公司老总们的事，不要以为职业经理要做的仅是上面做出决定你来执行就可以了。国际企业的先进经验表明：职业经理在企业变革中处于一个至关重要的地位。首先，在公司中，一个变革型的职业经理会及时将来自下属变革的声音和变革的思路传递到上面，从而引发公司自下而上的变革。其次，公司层面的变革需要职业经理们传递下去，从而引发公司自上而下的变革。最后，职业经理在客户层面、市场层面、管理层面有着比公司高层和一般员工更大的信息量和体验，因而更容易抓住变革的突破口和操作点。

5. 绩效伙伴

你不是高高在上向下属分派完工作就等着要结果的"官"，下属做得不好就训斥一顿，你是下属的绩效伙伴，或者说，你与下属之间是绩效伙伴关系。这就意味着：

（1）你与下属是绩效共同体。你的绩效有赖于他们，他们的绩效有赖于你；你们互相依存，谁也离不开谁。

（2）既然是伙伴，就是一种平等的、协商的关系，而不是一种居高临下的发号施令的关系。你通过平等对话、良好沟通帮助下属，而不是通过指责、批评帮助下属。

（3）既然是伙伴，就要从对方的角度出发，考虑下属面临的挑战，从而及时为下属制定绩效改进计划，以提升绩效。

五、职业经理人角色之三：公司同事

21世纪最贵的是什么？是人才，尤其是高端的职业经理人。他们拥有丰富的管理经验，具备敏锐的市场洞察能力和开拓创新能力。一个企业，在好的职业经理人的带领下，往往能起死回生。因而，职业经理人的建议在老板心里多多少少会留下一定的烙痕，左右着企业重大战略的决策。此时的职业经理人，不再是打工者，而是专业的、资深的企业咨询顾问，是老板事业上的重要拍档。

作为公司的一员和同事角色，你的团队精神和客户管理理念将是重要特征，而做好这一点需要坚持内部客户原则。

（一）职业经理人内部客户原则要点

1. 与其他经理之间是客户关系

案例

研发部需要招聘几名软件工程师，于是向人力资源部提出招聘需求（下订单），人力资源部必须招聘到符合研发部要求的人员（提供合格产品），否则，就是工作没有做好（违约）。

不仅经理之间，其实上下级之间，你与其他部门的员工之间也是客户关系。上司是你的客户，下属是你的客户，其他同事也是你的客户。当上司向你表达期望或下达指示时，实际上就好像一个客户向你订购产品，当你将上司交办的工作做好了，等于你向上司提供了好产品，上司也等于从你这里买到了他所希望的产品。下属也同样如此。

2. 同事是我的衣食父母

是否想过，公司为什么要花这么多的工资、福利、保险、办公费用等来聘用你呢？或者说，公司用来给你发工资、奖金、福利、保险等的资金是哪来的呢？

显然，公司的利润、收入是从外部客户那里挣来的。你的工资、奖金、福利又是从内部客户那里挣来的。外部客户是公司的衣食父母，是上帝，没有他们就没有公司，也就没有公司这么多人存在的理由和基础。内部客户（同事）是每位经理的衣食父母。试想一下，没有其他部门和人员的需要，设置你这个部门做什么？

案例

如果其他部门不用招聘、不用培训、工资自己核、保险自己上、考核自己做，那么你这个人力资源部经理不就是多余的吗？

3. 将同事当作外部客户

作为职业经理，可能经常抱怨别的部门、抱怨别的人，可是，又有谁真的意识到，只有每一个人在每一个环节出精品，公司才能最后出精品。只有自己所在的部门，为其他部门、为同事提供高质量、高效率的支持和服务（产品），对方才能在下一道工序中做得更好。

在公司内部，之所以许多经理没有内部客户的概念，也正是因为在公司、内部的部门和经理都"独此一家，别无分号"，坐享其成而养成的"来找我们时再说"的恶劣习惯和作风。

市场经济中企业间的竞争加剧，国家经济中垄断性行业一个个被打破，垄断性企业一个个被分解，被推向市场，公司里的许多工作逐步出现一种"外包化"趋势。如"第三方物流"将公司内部的物流工作抢了过去；信息处理中心将公司客户信息处理的生意也拿走了；广告公司将广告设计、策划业务也包走了；人事代理机构将公司的人事档案、福利、保险工作也代理了。

所以，如果有的人还转变不了观念，搞不清内部客户的理念，那么就将你的同事都当成外部客户好了，你可以给自己订立这样一条标准：凡是与我相关的同事和部门，我提供的支持和服务不低于把他们当作外部客户看待时的水准。

4. 克服"客户陷阱"

在公司里，有两个部门是最容易出现"客户陷阱"的。一个是销售部门。不少销售人员、销售经理认为："公司的收入、利润是我们赚回来的，其他部门主要靠我们来养活，所以你们应该为我们服务。"另一个是职能部门，如人力资源部。他们经常认为："我们执行管理职能，我们的工作是让老总、董事会满意，不可能全部满足其他部门的要求，否则就会乱套，制度形同虚设。"

其实，在公司内部，像这样自以为是、持有错误观念的内部客户大有人在：

（1）不提前约定，推门就进来要求办事。

（2）早就签了合同，到时候要给供应商打款，却不事先同财务部门沟通（预订座位），到打款时才到财务部要支票，财务部现金紧张时就指责"早干什么去了"。

（3）答应了星期三给财务部销售报表，到了星期五还不见动静，问起了才说因事还没办好，不问就不吭声。

上述理念必须改变。

5. 从以职责为中心，向以内部客户的需求为中心转变

在公司内部，各中层经理都习惯于从自己的职位责任和权限出发来安排工作。

案例

某人力资源部经理是这样设定自己的工作目标和工作计划的：

第一，了解公司在 2012 年的经营和发展目标，了解主管人事的副总甚至公司老总对人力资源工作的期望。

第二，结合人力资源部的职能，结合自己的责任和权限，制定人力资源部2013 年工作目标。

第三，与上司（人事副总）沟通，进行目标对话，最终确定人力资源部2013 年工作目标。

第四，将目标分解，为下属（人力资源部职员）制定个人工作目标。

第五，在目标确定后，拟订具体的行动计划。

可以看出，这种制定工作目标和工作计划的方式和思路完全是以分解上一级工作目标为基础的。这种方式和思路十分明显的潜台词是：订单已签，款已打，只管生产好了，产品有用没用是人家的事。

单纯以职责为中心是有明显缺陷的：你完成这些工作目标为了谁（就像你生产是为了谁一样）？谁在用你的工作成果，或者说，谁需要你的工作成果（谁用

你的产品）？是上司吗？是，但是上司仅用很少的一部分。你的大量工作成果（产品）的实际用户是公司的其他部门，是公司的其他中层经理。人力资源部是为保证他们的人力需求而招聘的，保证他们人力素质和能力而培训与开发的，保证他们的人员积极性而制定激励政策的。

既然是其他部门用你的工作成果（产品），他们是你的实际客户，你怎能不管他们的需求，只顾埋头工作（生产）呢？

许多职业经理只把眼光盯在"履行自己的职责，达成自己的工作目标上"，却不管内部客户的实际需要。就相当于你整天在生产却不管客户要不要你的产品一样。回想一下，我们在公司里，这样的无用功，或者是谁也不需要的工作，甚至是给别人添麻烦的工作做得还少吗？

实际上，根据职责分解出工作目标掩盖了一个真实的情形。那就是：向你下订单（工作）的是你的直属上司，但是实际用户却是其他部门和经理。这就相当于签订单的人不是用户，用户不签订单。其他部门（用户）使用你的工作成果（产品）时，由于不是他们自己订的货，所以，他们的需求没有被充分了解和考虑，常常出现他们所需的你不给，你所给的他们又不需要的尴尬局面，并且常常因此发生冲突和纠纷。由于其他部门没有同你签订"合同"的权利（你的工作目标由你的上司来定，他们无权干涉），所以，你的工作成果（供货）好不好，别人需要不需要，不是你的问题，反正你完成工作目标（生产任务）了。

在公司里，许多经理不就是抱着这种心态工作吗？然而，这样的状况，怎能形成一个高绩效的管理团队，怎能发展成一个有强大竞争力的公司呢？

6. 让内部客户满意

将同事看成是内部客户，最终要落在"让内部客户满意"上。也就是，你做得好不好、行不行，不是由你自己说了算，而是由你的内部客户说了算。你不能说，"我已经尽到了责任"、"我做了我分内的事"、"该我做的我已经做了，不该我做的，我也做了不少"。这些说法还是以你自己为中心，以你自己对自己的评估为标准，这显然是不行的。

你也不可以说，"老总都说我做得不错"、"上司交办的工作都做完了"、"年初制定的工作目标都圆满完成了"。这里，即使你完成得很好，也只能向一个重要的内部客户——你的上司有一个交代，让这个客户满意了。但是，这样是不够的。

只有你也让其他部门、职业经理满意，他们对你的工作的评价也很高，才算是你"尽到了责任"，达成了工作目标，完成了工作计划。就是说，所有的内部客户满意是你工作成果优劣的评定标准。有两种方式可供参考：

方式一：日常性工作，按照内部供应链，用"好"或"不好"来评价。

方式二：共同设定的目标，用事先约定的标准衡量。

（二）内部客户服务的四个特性

案例：真实的瞬间

（1）肖经理前往广州出差，住在一家三星级酒店。因为第二天早上有事，需要在五点钟起床，肖经理于是问总机："请问可以 morning call（叫早）吗？""当然可以，先生，请问您约在几点？""五点整。""好的，我们将在五点钟准时叫早。"肖经理沉沉地入睡了……第二天早上，随着一阵急促的门铃声，肖经理惊醒了，"谁呀？""先生，您约在五点起床，现在已经五点零五分了。""不是电话叫早吗？""是的，我们通过电话叫了您好多遍，您都没接电话，怕您睡过头，所以我来敲门叫醒您，请问耽误您的安排了吗？"

肖经理很感动："这里的服务真好！"

（2）肖经理前往青岛出差，住在一家大酒店里。进门后，刚一换拖鞋，肖经理就气不打一处来。原来，这种拖鞋是一次性的，用的料太薄，穿上没走几步，拖鞋就裂开了。

肖经理很生气："这里的服务真差！"

这就是"真实的瞬间"。

酒店里的服务，严格来说，也是一种产品。它与有形的产品不同，如与彩色电视机相比，服务就是一种特殊的产品。在国际上，称之为"经历产品"。这种

"经历产品"有四个特性：

1. 无形性

服务是无形的。购买之前看不见、摸不着，不能试听、试用。不买来经历一番，你就不知道质量如何。可是你买来经历一番，发现不好时，已经不能"退货"了。就像你住了一晚恶劣的酒店，生了一肚子气，你喊"退房"，但是钱还是要照付，只能是下次不再住这里了。这就是"经历产品"的无形特性。

这和有形产品（如彩电）不一样，有形产品可以看得见、摸得着，可以试听、试用，不好，还可以退货。

2. 不可分性

服务是不可分的。整个服务由提供服务者的动作、语言、仪表、时机、眼神、态度组成，并且与环境、相关服务等形成一个整体。单一的一方面拿出去，一文不值。酒店里不能计算大堂登记多少钱、微笑多少钱、开门多少钱……这些服务拆分后，并不能卖钱。

这和有形产品不同。彩电拆开后，彩色显像管可以是一个单独的产品，可以卖钱，控制板是一个单独的产品，可以卖钱，音响也是一个单独的产品，也可以卖钱。

3. 可变性

服务的可变性在于：服务是由人提供的。今天情绪好的时候，提供的服务好，情绪不好，提供的服务就差。这名服务人员训练有素，提供的服务就好，换一名服务人员就差多了。我们有时去酒店，这次去感受不错，下次去就感受不好了。

4. 易消失性

良好的服务特别容易消失。酒店放在那里，谁也搬不走。一个服务非常良好的酒店，可能会因为内部管理出了点问题，服务很快就不好了。某个人服务很好，也许刚一表扬就骄傲起来了，好的服务就不见了。内部客户满意，也是在于"真实的瞬间"。

不要以为公司内部各部门间的内部客户满意多么高级，其实与酒店的这种服务在方式上是完全相同的。到酒店去，我们评价一个酒店的服务好与不好，完全在于我在接受服务的瞬间得到了什么。如果在这个瞬间我得到了良好的服务，就会认为这个酒店的服务是好的，相反，如果在这个瞬间我得到了恶劣的服务，就会认为这个酒店的服务是差的。如果肖经理在青岛的这个酒店里，感受到的服务都不错，又刚好穿了一双比较结实的拖鞋，也许他就会评价这个酒店不错。评价的好坏完全体现在了"穿鞋"、"叫早"的这一瞬间。这一瞬间是真实的，是能感受到的。一个酒店能够给客户的服务是怎样的，完全在于给每一位客户的"真实的瞬间"是怎样的，并且是否长期如此。

第二章　职业生涯

　　一个人生下来就带着伟大的宝藏，但是他一生下来同时也继承了整个动物的特性。不管用什么方法，我们必须将动物的特性去掉，创造出一个空间，使得那些宝藏能够进入意识，同时能够分享。因为那些宝藏的品质之一就是：你越是分享它，就越拥有它。

——奥修

案例

　　英杰大学毕业后，分配到机关做公务员，几年后升任副科长，然后在几家公司做过总经理助理、副总经理，总体来说职业发展应该算不错。32岁时，他已是一家中型民营企业的副总经理。一年后，他被一家外商独资企业挖过去，任副总经理，全权负责公司的营销工作。第一年，市场业绩比以前提升了近三成，第二年，业绩上升近一成。总体来说已经取得了不错的业绩，但他对以后的市场不是太看好。

　　他认为："市场竞争越来越激烈，公司的技术投入少，产品更新换代慢，跟不上快速变化的市场需要，市场业绩再也很难提升。同时，外籍总经理在有些方面不太信任别人，包括我自己，这些都促使我想走。但走到哪去呢？还是做职业经理人？这几年的职业经理人生涯，总感觉在原地踏步，没有大的发展。自己创业开公司——我行不行？"

　　不可否认，英杰是一个十分优秀的职业经理人，那么他为什么还有这样的想法呢？问题的关键在于什么呢？

从他的性格和职业发展历程来看，他的主导型性格成了他的职业发展的障碍，这就需要英杰重新调整自身的职业生涯规划。

众多的职业经理人可能都有"英雄无用武之地"的感慨。那么如何解决这些问题呢？本章将具体介绍职业经理人的职业规划与实践问题。

不少人深信掌纹上的生命线、事业线和婚姻线记载着我们一生的命理，其实用职业生涯规划的语言就可以解读"命运"："命"就是个人天性和条件，"运"就是社会环境和机遇，两者组合出的独特"命运"就是个人的职业生涯路径，那么规划生涯就是要掌握自己的命运。事实上，认识自己独特的"命理"，认识环境可能的"运道"，才能掌握满意的生涯道路。

一、职业经理人的职业生涯管理

（一）什么是职业生涯

职业生涯是指一个人一生中的所有与工作相联系的行为与活动，以及相关的态度、价值观、愿望等的连续性经历的过程。下面从四方面详细阐述其含义：

（1）职业生涯只是表示一个人一生中在各种职业岗位上所度过的时间，并不包含成功与失败的含义，也没有进步快慢的含义。

（2）职业生涯由行为活动与态度、价值两方面组成。要充分了解一个人的职业生涯必须从主观和客观两方面考察。表示职业生涯的客观特征的要领是"外职业生涯"，指一个人在工作时期进行的各种活动和表现的各种举止行为的连续体。"内职业生涯"则表示职业生涯的主观特征，涉及个人的价值观、态度、需要、动机、气质、能力、发展取向等。

（3）职业生涯是一种过程，是一种与工作相关的连续经历，而不仅指某一个工作阶段。

（4）职业生涯受各方面的影响。如本人对终生职业生涯的设想与计划、家庭中父母的意见与配偶的理解与支持、组织的需要与人事计划、社会环境的变化都会对职业生涯有所影响。职业生涯在一定程度上可以说是多方面相互作用的结果。

（二）什么是职业生涯规划

职业生涯规划是指组织或者个人把个人发展与组织发展相结合，对决定个人职业生涯的个人因素、组织因素和社会因素等进行分析，制定有关个人一生中在事业发展上的战略设想与计划安排。

根据职业生涯规划的定义，职业生涯规划首先要对个人特点进行分析，其次要对所在组织环境和所在社会环境进行分析，最后要根据分析结果制定一个人的事业奋斗目标，选择实现这一事业目标的职业，编制相应的工作、教育和培训的行动计划，并对每一步骤的时间、顺序和方向做出合理的安排。

职业生涯规划按照时间长短分类，可分为人生规划、长期规划、中期规划与短期规划四种类型，如表 2-1 所示。

表 2-1　职业生涯分类

类型	定义及任务
人生规划	一般为 40 年左右，规划设计整个人生的发展蓝图和目标，如最终成为一个有一定影响力的自由撰稿人或咨询专家
长期规划	一般为 5~10 年，如 25 岁时成为一家中型公司的部门经理，30 岁时成为一家大型公司的部门经理，35 岁时成为一家大型公司的副总经理等
中期规划	一般为 2~5 年，如 5 年内至少转换两个岗位，为 5 年后晋升副总经理做准备
短期规划	一般为 2~3 年，如 3 年内完成 EMBA 学习，提升自己的职业竞争力等

（三）职业经理人为什么要规划自身的职业生涯

在职业生涯中，自我变革的重要手段就是职业生涯规划，它是每个职业经理人充分开发自己的潜能，并自觉地进行自我管理的有效工具。只有善于对自己所从事的职业进行自我规划的人，才能有正确的前进方向及有效的行动措施，才能充分发挥自我管理的主动性，充分开发自身的潜能，保证在事业上取得更大的业绩。具体地说，职业生涯规划对职业经理人有以下作用：

（1）规划能帮助个人确定职业发展目标。职业生涯规划的重要内容之一是对个人进行分析。通过分析，认识自己，了解自己，估计自己的能力，评价自己的智慧；确认自己的性格，判断自己的情绪；找出自己的特点，发现自己的兴趣；明确自己的优势，衡量自己的差距；获取公司内部有关工作机会的信息。通过这些分析，我们就能确定符合自己兴趣与特长的职业生涯发展路线，正确设定自己的职业生涯发展目标，并制定行动计划，使自己的才能得到充分发挥，使自己得到恰当的发展，以实现职业生涯发展目标。

通过职业生涯规划，可选择适合自己发展的职业，运用科学的方法，采取有效的行动，化解人生事业发展中的危机陷阱，使人生事业发展获得成功，担当起一定的社会角色，实现自己的人生理想。

（2）规划能鞭策个人努力工作。制定职业生涯规划之后，规划就在两个方面起作用：它是努力的依据，也是对个人的鞭策。随着这些规划一步一步转为现实，员工就会有成就感。对许多职业经理人来说，制定和实现规划就像一场比赛，随着时间推移，当一步一步地实现规划，这时人的思想方法和工作方式又会渐渐改变。有一点很重要，规划必须是具体的、可以实现的。如果规划不具体，就会降低你的积极性。

（3）规划有助于个人抓住重点。制定职业生涯规划的一个最大的好处是有助于职业经理人安排日常工作的轻重缓急。没有职业生涯规划，容易陷进与人生目标无关的日常事务当中。通过规划能使我们紧紧抓住工作的重点，增加我们成功的可能性。

（4）规划引导我们发挥潜能。没有职业生涯规划的职业经理人，即使他们有巨大的力量与潜能，也容易把精力放在小事情上，花去大量的精力，小事情使他们自己忘记了自己本应做什么。规划能助人集中精力，全神贯注于自己有优势并且会有高回报的方面，这样有助于尽可能发挥个人的潜力，使自己走向成功。另外，当职业经理人不停地在自己有优势的方面努力时，这些优势就会进一步发展。

（5）规划能评估目前的工作成绩。职业生涯规划的一个重要功能是提供了自我评估的重要手段。如果规划是具体的，规划的实施结果是看得见的，就可以根据规划的进展情况评价目前取得的成绩。失败者面临的共同问题，就是他们极少评估自己所取得的进展。他们大多数人或者不明白自我评估的重要性，或者无法量度取得的进步。

为了有效地实现自我价值以便保证在事业上取得更大的成就，任何人都需要对个人所从事的职业、工作和单位、要担负的工作职务以及在工作职位上的发展道路，进行全面的策划，确立明确的目标，并为实现各阶段的事业目标而自觉地进行有关个人的知识、技术与能力的开发活动，尤其是职业经理人。

案例：王林的职业转型困惑

王林，33 岁，在 IT 行业从业 8 年，现任高级软件工程师。目前的状况是：自己所服务的公司在 IT 行业有较高的知名度和美誉度，公司人际环境与工作环境也不错，薪酬也比较令他满意。但是，随着工作经验的上升和技术的不断成熟，王林感到自己已经触到了成长的天花板，再继续干下去很难有更大的发展空间。

一次偶然的机会，经朋友介绍，王林利用业余时间接下了一个 IT 开发项目。项目做完后，由于王林的成熟技术以及厚道诚信的人品，合作方很满意，于是这家公司的老板又把他介绍给了其他朋友。这样一来二去，王林接"私活"的机会多了起来。时间长了，王林便萌发自己开公司当老板的念头，并且继续从事自己熟悉的 IT 行业。

但是，王林也十分清楚，自己是一个技术型人才，多年来一直从事相对独立的技术工作，对社会上的人际关系等所知甚少也不感兴趣。虽然自己人际关系不错，但主要是靠自己的为人随和带来的人缘。一旦自己当了老板，既要管理别人，又要处理一些复杂的事务和关系，究竟是否能够得心应手，还不得而知。想到这些职业转型中可能遇到的问题，王林不禁困惑起来。

王林应该怎么办？他需要做的就是首先对自身进行一次性格测试和职业倾向测试，然后对自己进行职业规划，重新调整职业趋向。

二、职业生涯管理的基本理论简介

（一）霍兰德人业互择理论

约翰·霍兰德是美国约翰·霍普金斯大学心理学教授、美国著名的职业指导专家。他于 1959 年提出了具有广泛社会影响的人业互择理论。这一理论首先根据劳动者的心理素质和择业倾向，将劳动者划分为六种基本类型，相应地，职业也划分为六种类型，如表 2–2 所示。

表 2–2　劳动者类型与职业类型对应表

类型	劳动者	职业
实际型	①愿意使用工具从事操作性工作 ②动手能力强，做事手脚灵活，动作协调 ③不善言辞，不善交际	主要指各类工程技术工作、农业工作，通常需要一定体力，需要运用工具或操作机器 主要职业：工程师、技术员；机械操作、维修、安装工人、矿工、木工、电工、鞋匠等；司机；测绘员、描图员；农民、牧民、渔民等
学者型 （调研型）	①抽象思维能力强，求知欲强，肯动脑，善思考，不愿动手 ②喜欢独立的和富有创造性的工作 ③知识渊博，有学识才能，不善于领导他人	主要指科学研究和科学实验工作 主要职业：自然科学和社会科学方面的研究人员、专家；化学、冶金、电子、无线电、电视、飞机等方面的工程师、技术人员；飞机驾驶员、计算机操作员等
社会型	①喜欢从事为他人服务和教育他人的工作 ②喜欢参与解决人们共同关心的社会问题，渴望发挥自己的社会作用 ③比较看重社会义务和社会道德	主要指各种直接为他人服务工作，如医疗服务、教育服务、生活服务等 主要职业：教师、保育员、行政人员；医护人员；衣食住行服务行业的经理、管理人员和服务人员；福利人员等
事业型 （企业型）	①精力充沛、自信、善交际，具有领导才能 ②喜欢竞争，敢冒风险 ③喜爱权力、地位和物质财富	主要指那些组织与影响他人共同完成组织目标的工作 主要职业：经理企业家，政府官员，商人，行业部门和单位的领导者、管理者等
常规型	①喜欢按计划办事，习惯接受他人指挥和领导，自己不谋求领导职务 ②不喜欢冒险和竞争 ③工作踏实，忠诚可靠，遵守纪律	主要指各类与文件档案、图书资料、统计报表之类相关的各类科室工作 主要职业：会计、出纳、统计人员；打字员；办公室人员；秘书和文书；图书管理员；旅游、外贸职员，保管员，邮递员，审计人员，人事职员等

类型	劳动者	职业
艺术型	①喜欢以各种艺术形式的创作来表现自己的才能，实现自身价值 ②具有特殊艺术才能和个性 ③乐于创造新颖的、与众不同的艺术成果，渴望表现自己的个性	主要指各类艺术创作工作 主要职业：音乐、舞蹈、戏剧等方面的演员、艺术家、编导、教师；文学、艺术方面的评论员；广播节目的主持人、编辑、作者；绘画、书法、摄影家；艺术、家具、珠宝、房屋装饰等行业设计师等

　　霍兰德的职业选择理论实质在于劳动者与职业的互相适应。霍兰德认为，同一类型的劳动者与职业互相结合，便是达到适应状态。劳动者找到适宜的职业岗位，其才能与积极性会得以很好发挥，如事业型劳动者喜欢也有能力领导他人，且具有竞争性、冒险性，如果他组建一个公司或创办一个企业，便会如鱼得水，可充分发挥才能，将公司或企业办得很红火。若劳动者从事与自身类型特征相差很远的职业，如常规型劳动者从事艺术型职业，结果会严重影响劳动者才能和积极性的发挥，工作效果也不佳。常规型劳动者喜欢循规蹈矩按计划行事，而艺术型职业却是创造性强、没有严格计划的活动；常规型劳动者具备处理日常繁杂事务的能力，在艺术型职业工作中却无用武之地；常规型劳动者自我约束、遵守纪律、踏实认真的作风，恰与艺术型职业环境相违背，与艺术型劳动者激进、开放、放任、自由的个性或价值观相悖。显然，这一配置格格不入，不相适宜。依照霍兰德理论，劳动者类型与职业类型相关系数越大，两者适应程序越高；二者相关系数越小，相互适应程度就越低。为了直观地阐明自己的思想，霍兰德设计了一个平面六角形图，如图 2-1 所示。

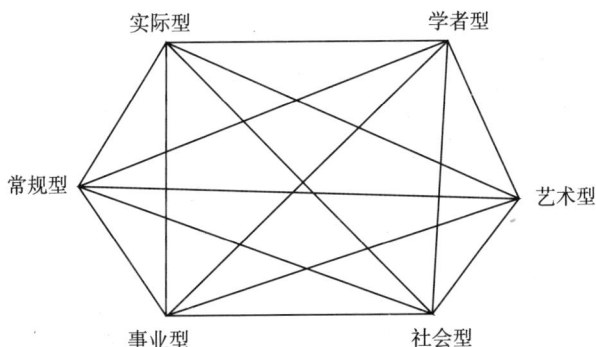

图 2-1　霍兰德的人业互择图

这个图的六个角分别代表六种职业类型和六种劳动者类型。每种类型的劳动者（职业）与六种类型的职业（劳动者）相关联，在图形上以连线表示。连线距离越短，两种类型的人业相关系数就越大，适应程度就越高。当连线距离为 0，换言之，劳动者类型与职业类型高度相关，统一在一个点上（即图中六个角端所示），表明某种类型劳动者从事相应类型职业，或者某类型职业由相应类型劳动者来担当，此种情况下，人业配置最相适宜，是最好的职业选择。除此之外，图中连线最短、相关系数最高的，当属每种类型劳动者（职业）同其左右相邻的两个类型职业（劳动者）。例如，常规型分别与实际型、事业型，艺术型分别与学者型、社会型，其余类推，它们之间连线短，人业相互适应程度高。连线距离越长，表明两类型人业相关系数越小，相互适应程度越低。图中，常规型与艺术型，学者型与事业型，实际型与社会型之间的连线最长，人业相互适应程度最低。

（二）职业锚理论

职业锚的概念，是由美国 E.H.施恩教授提出的。所谓职业锚，是指一种编组并指导、制约、稳定和整合个人职业决策的职业自我观。包括：

（1）自省的才华与能力，以各种作业中的实际成功为基础。

（2）自省的动机和需要，以实际情景中的自我测试和自我诊断的机会，以及他人的反馈为基础。

（3）自省的态度与价值观，以自我与雇用组织和工作环境的准则和价值观之间的实际碰撞为基础。

职业锚如表 2-3 所示，是职业生涯早期个人与工作情景相互作用的产物。职业锚的形成要经历一个搜索过程，可能要经过换好几次工作，才能开发出自己的职业锚，才能找到自己正确的职业轨道。它的功能是：帮助把工作时期感悟到的态度、价值观、能力等分门别类，找到适合于自己的职业种类与领域；认识自己的抱负模式，确定自己的职业成功标准；对要求个人发挥作用的工作情况提出标准，找到适合自己的职业通路。

表 2-3　职业锚

类型	典型特征	成功标准	主要职业领域	典型职业通路
技术型（技术取向）	职业选择时，主要注意力是工作的实际技术内容或职能内容；即使提升，也不愿到全面管理的位置，而只愿在技术职能区提升	在本技术/职能区达到最高管理位置，保持自己的技术优势	工作技术、财务分析、营销计划、统计分析等	财务分析员→主管会计→财务部主任→公司财务副总裁
管理型（管理取向）	能在信息不全的情况下，分析解决问题，善于影响、监督、率领、操纵、控制组织成员，能为感情危机所激励，而不是拖垮，善于使用权力	管理越来越多的下级，承担的责任越来越大，独立性越来越大	政府机构、企业组织及其各部门的主要负责人	工人→生产组组长→生产线经理→部门经理→行政副总裁→总裁（总经理）
稳定型（安全与稳定取向）	依赖组织，怕被解雇，倾向于根据组织要求行事，高度的感情安全，没有太大抱负，考虑退休金	一种稳定、安全、整合良好合理的家庭、工作环境	教师、医生、幕僚、研究人员、勤杂人员等	更多的追求职称→助教→讲师→副教授→教授等
创造型（创新取向）	要求有自主权、管理能力，能施展自己的特殊才能，喜欢冒险，力求新东西，经常转换职业	建立或创造某种东西，它们是完全属于自己的杰作	发明家、风险性投资者、产品开发人员、企业家等	无典型职业通路，极易变换职业或干脆单挑
自主型（自由与独立取向）	随心所欲地制定自己的步调、时间表、生活方式与习惯	在工作中得到自由与欢愉，活得舒服	学者、职业研究人员、手工业者、工商个体户	在自己的领域中发展自己的事业与个人

　　职业锚一旦被认识，就会使人思考：我工作这么多年了，到底我倾向于干什么？我的职业锚类型是什么？我终生的追求是什么？现在的工作还能满足我的要求吗？我最好把我的职业锚抛在哪个职业领域？

　　职业锚还反映了一个人职业选择时的着重点。例如，一个在政府机关工作五六年的人，又辞职搞研究工作，也许是因为他逐渐认识到自己是自主型职业锚，在地位、高收入和一个自由的生活方式之间的衡量中，认为后者更为重要。一个经商十余年、东奔西跑的，却又考上某大学的研究生，打算搞学术、教书，是因为他认识到自己是稳定安全型职业锚，将高收入、刺激性工作与稳定的家庭、工作生活相比，后者更为重要。从我国的情况看，"把技术人才推上去"或者"发展自己的经理"是一条经常被组织选择的职业通路，它常常被证明并不十分有效，而易把那些是技术锚、自主锚或稳定锚的人才推入痛苦的深渊。对个人而言，早期形成的职业锚为全部的职业生涯设定了发展的方向，这对个人才能的发挥具有决定性的影响意义。它对工作绩效的影响也往往超过一般的岗位技能培训。

测试：职业锚的自我评价可以帮助你确定自己的职业锚，可以找几张白纸写下你对以下几个问题的答案：

1. 你在高中时期主要对哪些领域比较感兴趣（如果有的话）？为什么会对这些领域感兴趣？你对这些领域的感受是怎样的？

2. 你在大学时期主要对哪些领域感兴趣？为什么会对这些领域感兴趣？你对这些领域的感受是怎样的？

3. 你毕业之后所从事的第一种工作是什么（如果相关的话，服役也算在其中）？你期望从这种工作中得到些什么？

4. 当你开始自己的职业生涯时，你的抱负或长期目标是什么？这种抱负或长期目标是否曾经出现过变化？如果有，是在什么时候，为什么会变化？

5. 你第一次换工作或换公司的情况是怎样的？你指望下一个工作能给你带来什么？

6. 你后来换工作、换公司或换职业的情况是怎样的？你为什么会做出变动决定？你所追求的是什么？（请根据你每一次更换工作、公司或职业的情况来回答这几个问题）

7. 当你回首自己的职业经历时，你觉得最令自己感到愉快的是哪些时候？你认为这些时候什么东西最能令你感到愉快？

8. 当你回首自己的职业经历时，你觉得最让自己感到不愉快的是哪些时候？你认为这些时候什么东西最令你感到不愉快？

9. 你是否曾经拒绝过从事某种工作的机会或晋升机会？为什么？

现在请你仔细检查自己的所有答案，并认真阅读关于五种职业锚（技术或功能型、管理型、创造型、自主与独立型、安全型）的描述。根据你对上述这些问题的回答，分别将每一种职业锚赋予 1~5 分的某一分数，其中 1 代表重要性最低，5 代表重要性最高。

技术或功能型_____   管理型_____   创造型_____

自治与独立型_____   安全型_____

（三）气质与职业匹配理论

气质是人的心理活动的动力特征，主要表现在心理过程的强度、速度、稳定性、灵活性及指向性上。人们情绪体验的强弱、意志努力的大小、知觉或思维的快慢、注意力集中时间的长短、注意力转移的难易等，都是气质的表现。气质与职业选择存在很大的相关性，研究和实践表明，气质类型的某些特征往往为一个人从事某种工作提供了有利条件。个人的气质特征是制定职业生涯规划时考虑的相当重要的因素。

从气质的类型上看，人们一般把气质分为四种，即多血质、黏液质、胆汁质和抑郁质，四种不同的气质类型具有不同的心理特征。气质特征是职业选择的重要依据之一。每种气质类型都有其相应的职业范围。表 2-4 是四种气质类型的相应职业范围表，供大家参考。

表 2-4　气质与其相适应的职业

气质类型	相应职业
多血质	适合从事与外界打交道、灵活多变、富有刺激性和挑战性的工作，如外交、经商、管理、记者、律师、驾驶员、运动员等；他们不太合适做过细的、单调的机械性工作
黏液质	喜欢从事与人打交道、工作内容不断变化、环境不断转换并且热闹的职业，如导游、推销员、节目主持人、公共关系人员等，但明显不适合长期安坐、持久耐心细致的工作
胆汁质	适合做稳定的、按部就班的、表态的工作，如会计、出纳员、话务员、保育员、播音员等
抑郁质	适合安静、细致的工作，如校对、打字、排版、检查员、化验员、登记员、保管员等

事实上，对大多数职业而言，之所以把气质作为职业决策所要考虑的心理因素之一，是为了个人更好地适应工作，提高效率。但气质并不是决定职业适应和成功的主要因素，它只具有一定的辅助作用。但在一些特殊职业中，其工作性质对从业者的某些气质特征要求非常高，而且无法用其他心理特点来弥补。如果从业人员不具备这些气质特征或没有达到应有的水平，那么有关工作就很难进行，甚至会造成重大事故。这方面的职业有飞行员、宇航员以及运动员等，他们都要求身心的高度紧张、反应敏感、具有顽强的耐力等，这些气质要求都不是一般人所能达到的。因而，就这些职业来说，气质成了职业适应性的最主要的决定因素。

（四）性格与职业匹配理论

性格是人对现实的态度和行为方式中比较稳定的心理特征的总和，如正直、诚恳、热忱、谦虚，或者虚伪、狡猾、懒惰、傲慢等都属于性格特征。每个人都有这样或那样的一些性格特征，其中有些是积极的，有些是消极的。这些特征相互结合，构成一个整体，便是一个人的性格。一个人的性格特征对其职业选择有重大的影响，性格是制定职业生涯规划时需要考虑的相当重要的因素。瑞士一位心理学家把人在生活中、与人交往中的性格特点分为四类，它们分别是敏感型、感情型、思考型和想象型。在实际生活与工作中，纯属于这四种类型的人不多，大部分人属于混合型。因而，表2-5中提到的性格与职业的吻合，不可能适用于每一个人。在实际的吻合过程中，应根据个人的性格与职业的要求，具体情况，具体处理，不能一概而论。这里只提供基本的方法，供组织在选人时、个人在择业时参考。

表2-5　性格类型、特征及相应职业

性格类型	性格特征	相应职业
敏感型	精神饱满，好动不好静，办事速战速决，但是行为常常带有盲目性；与人交往中，往往会拿出全部热情，但受挫折时又容易消沉失望。这类人最多，约占40%	运动员、政府人员和各种职业的人中均有
感情型	感情丰富，喜怒哀乐溢于言表，别人很容易了解其经历和困难；不喜欢单调的生活，爱刺激，爱感情用事，讲话写信热情洋溢；在生活中喜欢鲜明的色彩，对新事物很有兴趣；在与人交往中，容易冲动，易反复无常，傲慢无礼，所以与其他类型人有时不易相处。这类人占25%	在演员、活动家和护理人员中较多
思考型	善于思考，逻辑思维发达，有较成熟的观点，一切以事实为依据，一经做出决定，能够持之以恒；生活、工作有规律，爱整洁，时间观念强；重视调查研究和精确性；但这类人有时思想僵化、教条、纠缠细节、缺乏灵活性。这类人约占25%	在工程师、教师、财务人员和数据处理人员中较多
想象型	想象力丰富，憧憬未来，喜欢思考问题，在生活中不太注重小节；对那些不能立即了解其想法价值的人往往很不耐烦；有时行为刻板，不合群，难以相处。这类人不多，大约只占10%	在科学家、发明家、研究人员和艺术家、作家中居多

三、影响职业经理人的职业生涯规划的因素

（一）个性因素

为了说明这一因素对职业经理人的职业生涯的影响，先看一个案例。

案例：迷途之羊的邮件

2006 年春节期间，我接到一封自称"迷途之羊"的邮件："您好，宋先生！我的专业是计算机应用，2002 年 7 月本科毕业后到广州工作，先在公司研发部做软件开发一年，后被派到销售部做技术支持及售后服务，三个月前又被任命为总经理助理。毕业后几年内我经历了好几次职位变动，觉得自己现在对哪一行都学得不深，我真不知道以后该如何选择自己的职业道路。所学的专业知识在荒废，本职工作又开始没有了新鲜感和挑战，我总是感到危机重重。您能否给我的职业生涯规划提些建议？"

这位朋友的困惑与迷茫具有一定的代表性。仅从这封邮件的内容我不能给他确切的建议，但我觉得他的职业迷茫与他对自己的个性因素认识不足以及志向不清有关。

个性因素包括精神类型、性格、兴趣、特长等方面，一个人要想有所作为，不能不了解这些。人的精力毕竟是有限的，好钢应该用在刀刃上。一个人能将自身具有的气质潜能或者特性发挥到极致，一定会取得巨大的成功。

举一个简单的例子，鸟会飞翔，鱼会游泳。反过来说，鸭子也会游泳，能潜两米多深，但比不上最傻的鱼；飞鱼也会飞，能飞三尺高，可飞得再高的鱼也不如最笨的鸟。爱克斯在《豺狼的微笑》一书中曾强调："认识自己，实践自己，即

是天堂；不认识自己，想扮演别人，即是地狱。"

成功者永远知道自己的方向，并锲而不舍地一路向前。如果对自己认识不够深刻，高估或低估自己，就会产生许多幻想和挫折，紧随而来的就是梦想破灭和不知所措的煎熬。因此以自我认识为基础的生涯探索，是生涯规划的首要任务。

（二）环境因素

环境就是影响职业生涯的运气和趋势。有能力还要有运气和机遇，纵然你是"力拔山兮气盖世"的真英雄，如果选择错误或时运不济，你也只能仰天长叹，无法逆风飞扬。

1. 社会环境

（1）经济发展水平。经济发展水平决定着职业供求关系的变化，世界、国家、区域、城市经济的发展水平直接或间接地影响着人们的就业和职业选择。同时，经济周期的波动也会给职业选择带来很大的影响。20世纪八九十年代全国部分地区出现的人才"孔雀东南飞"的现象其实就是经济发展对职业发展影响的显著表现。

（2）社会文化环境。社会文化环境对职业发展有着基础性的影响和作用。一个地区的教育、文化等设施雄厚，氛围好，资源多，那么在该地区的人受教育的程度和文化水平就会相应地提高，职业竞争力就强。

（3）政治制度和氛围。政治制度是上层建筑，政治体制对经济体制乃至企业体制的确立与改革发挥着关键作用，直接影响和决定着经济的发展水平与企业发展的层次，同时也间接关系到人们的职业发展和选择。而政治氛围则对人们的职业理想和职业方向产生着潜移默化的影响，如"学而优则仕"的政治氛围就影响了中国几千年来人们的职业选择。

（4）价值观念。每一个国家、民族和社会在历史、文化的积淀过程中，都形成了主流价值观体系，这种主流价值观深刻影响着每一个个体的价值观，进而影响到人们的职业倾向和职业追求。同时，随着社会的发展、变化和进步，还会出现一些阶段性的非主流价值观，这也会对职业选择造成影响。

案例：中国职业经理人屡遭滑铁卢的三大社会因素

中国职业经理人在老板手下干得都不长，合作不久，从一见钟情到互相猜疑，再到不欢而散，最后跟老板分道扬镳，这已成为国内职业经理人面对的三部曲。

有人说中国职业经理人在呈颓势，或精神压抑，或勒令下课，或蜕化变异，个中原因复杂。很显然，中国职业经理人的职业生涯总体走势并非良性。那么我们如何看待这种现象呢？在此可以从社会因素进行探寻。

第一，诚信的堕落。诚信是市场经济的一大人文因素，但我们这个社会却缺乏诚信。一方面，整个社会从上至下的焦急不安的浮躁心态、一夜暴富的投机心理、急功近利的短视行为，更为明显地表现在这一代中国职业经理人身上，导致企业成为短期利益的奴隶。缺乏诚信，缺乏长远的市场承诺，对于许多中国企业而言，其脆弱已不是富不过几代的问题，大厦将倾往往发生在飘忽瞬间。北京曾有一家颇具背景的保健品公司，其市场诉求反复不定。按其职业经理人的话说："保健品哪里有做长线的，做两三年就行了。"一位经济评论家把他的话"翻译"成：赚钱哪有长期赚的，赚两三年就够了；骗人哪有长期骗的，骗两三年就行了。真是入木三分的绝妙讽刺！如此缺乏诚信的职业经理人只能是昙花一现，过眼云烟。另一方面，职业经理人面对最多的诚信危机当属劳资冲突。例如，广东某著名热水器企业几年前走了一大批职业经理人，原因是该企业的销量猛增，但老板承诺的重奖政策却舍不得兑现，而且还要削减员工的基本工资。两位离开广东的著名女人事经理对记者坦言离职原因是老板要她们削减员工工资，而她们不愿这样做，其中一位对记者说："从中国香港来的职业经理人的工资高得离谱，而当地员工的工资还要一减再减，这太不公平了！"劳资冲突中大量发生的事就是"老板失信于员工"，而不是"员工失信于老板"。作为一般员工与老板之间的联结纽带，职业经理人扮演的角色就很重要，如果对老板"诚信"，往往成为违法乱纪的帮凶，丧失了一个普通公民的准则，如果对员工诚信，带领员工罢工或对抗老板，又会被老板认为是"叛徒"。职业经理人在两难的夹缝中生存，不生病才怪呢！

第二，法制的疏漏。时下，中国职业经理人的法制环境虽不算糟糕，但也不太理想。西方职业经理制是在市场经济高度发达、法制机制比较完备的环境下运作的，职业经理人同货币出资人之间的契约关系比较牢固，一方违约，承担的违约责任有时会达到家破人亡的险境，所以货币出资人不随意违约辞退经理人，职业经理人也不轻言跳槽。

而我们眼下的法制环境则不尽如人意，现在还没有具体法律条款来规范职业经理人同货币出资人之间的雇用关系。职业经理人同雇主之间的恩恩怨怨很难诉诸法律，对簿公堂，只是旷日持久的口水仗。此外，并不是西方的职业经理比我们高明多少，他们成功很大的原因缘自社会机制的完善，或者说有一个良好的市场与法制环境。在这种有序的环境下，企业的经营行为得到相对可预测以及可控制的保障。

而在我国，因为体制以及发展的限制，企业外部的生存环境具有很大的随机性，导致一切都难以预测与把握，因而中国的企业必须具备能够在外部及内部强权控制的人物。于是，海尔不能没有张瑞敏，TCL 不能没有李东生。

第三，媒体的炒作。成也萧何，败也萧何！媒体见风使舵，"造星"在先，"揭丑"在后。一些不负责任的媒体热炒职业经理人的新闻，职业经理人成者为王，败者为寇，媒体的炒作加速了职业经理人被捧杀命运的提前到来。

特别是当初应对家族企业"子承父业"的人事安排，"职业经理人"这一名词新鲜出炉，媒体爆炒，一时好评如潮，众口争"聘"职业经理人，似乎只有职业经理人才能继续家族企业昔日的光辉。然而方太、格兰仕等家族企业的太子军们气宇轩昂地披挂上阵，从父辈手中接过帅印，把企业打造得更加红火，以骄人的业绩挑战职业经理人的神话后，媒体又见风使舵，向职业经理人大泼污水。

2. 组织环境

（1）企业文化。企业文化是对企业员工职业生涯的直接影响因素。企业是否真正地以人为本、是否形成优质的有利于企业和人共同成长的文化基因，对员工的职业进步十分关键。例如，企业是否具有人文关怀氛围、是否知人善任、是否存在浓厚的公司政治等。所以，在进行职业选择时，首先要考虑的就是自己是否认同该企业的文化和价值观念，并对该企业的文化氛围有一个比较清晰的认知。

（2）管理制度。企业制度特别是企业在选人、用人、育人、留人、待人方面的制度，也就是企业的人力资源管理制度，直接决定和影响着员工的职业发展。企业是否建立了一个比较完善、科学的人才发展机制，开发人力资源的各项制度是否能够真正得以落实，都是应当关注的。同时，也要注意企业的经营方针和经营理念，如靠技术研发吃饭的技术型人才就比较受企业欢迎，靠市场吃饭的营销人才也是如此。

（3）领导风格。企业文化就是老板文化，企业制度就是老板制度，这些话似乎有些绝对，但在现阶段的中国企业确实大量存在，而且将会存在很长一段时期。所以，企业主要领导的领导风格、领导水平、领导品质等对下属的职业生涯发展起着关键性的作用。是否能认同甚至忍受主要领导的领导风格是经理人职业选择过程中必须考虑的一个问题。

综上所述，职业经理人的职业生涯影响因素的关系可概括为：知己，知彼，选择，如图 2-2 所示。

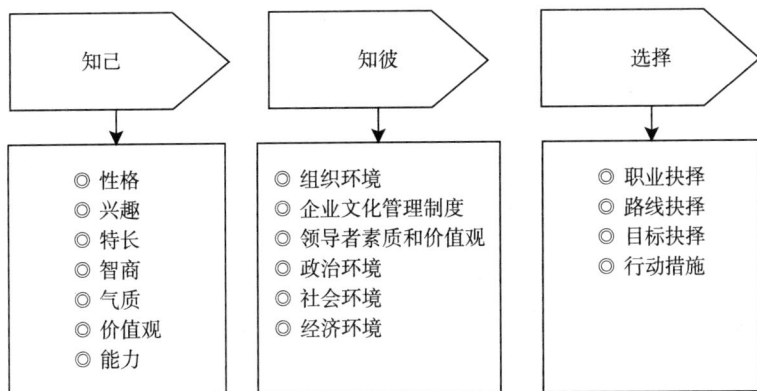

图 2-2　影响职业生涯的因素

四、怎样评价你的职业生涯

职业生涯成功是个人职业生涯追求目标的实现。成功的含义因人而异，具有很强的相对性，对于同样的人在不同的人生阶段也有着不同的含义。对有些人来说，成功意味着获得更多的金钱、更大的权力、更高的荣誉和地位等；而对有些人来说，成功可能只是一个抽象的、不能量化的概念，如觉得愉快幸福。在职业生涯中，有的人追求职务晋升，有的人追求工作内容的丰富化和挑战性。

职业生涯是否成功取决于两个维度：一是个人的认知和价值追求；二是家庭、企业和社会的评价。

就个人认知和价值来说，实现了自己的理想与目标，就实现了职业成功。一般而言，衡量个人职业成功的价值取向有以下五个类型：

（1）名利型——职务相对最高，金钱相对最多，名声相对最好。

（2）安稳型——工作安全，薪酬稳定，人际关系和谐，家庭幸福，受人尊重。

（3）自在型——从事自己感兴趣的工作，比较自由随意，较少受人控制和约束。

（4）挑战型——从事富有冒险性、刺激性的工作，能不断挑战自己的极限和潜能，能享受到征服与胜利的快感。

（5）平衡型——兼顾工作、事业、家庭、身体、学习、兴趣、关系等各方面的协调与平衡，力求和谐发展，相辅相成。

就家庭、企业和社会的维度而言，如果一个人在以下几个方面都得到相对肯定与满意的评价，那么，他的职业生涯就可以说是成功的，如表2-6所示。

表2-6　职业生涯评价

评价方式	评价者	评价内容	评价标准
家庭	父母、配偶、子女及其他家庭成员，还有同学、朋友等	是否达到家庭的期望值； 是否得到家庭的理解和支持； 是否得到家庭的肯定； 是否成为家庭的骄傲与自豪	家庭价值观和文化

续表

评价方式	评价者	评价内容	评价标准
企业	老板、上司、同事、下属、客户等	是否得到晋升、加薪； 是否得到荣誉、奖励； 是否得到尊重、理解、支持和肯定； 是否承担重要的职责与任务； 是否建立了和谐的职业关系，具有一定影响力	企业制度、文化和经营业绩
社会	舆论与组织	是否得到良好的社会舆论评价； 是否受到社会或行业组织的嘉奖或肯定； 是否具有良好的社会公信力与较强的影响力	社会主流价值观

第三章　实现梦想

不管其他人有什么样的想法，反正我不准放弃我的梦想。

——玫琳·凯伊·阿希

案例：马云的职业规划之路

他，20年前大学毕业，应聘过30份工作，全部被拒绝；他，想当警察，和同学一起去，只有他没有被录取；他，杭州第一个五星级宾馆开业的时候去应聘服务员，也没有被录取；他，和别人一起应聘杭州肯德基，没有被录取的那个还是他。他是马云。

马云痴迷金庸的武侠小说，自称"风清扬"，办公室是"光明顶"，洗手间叫"听雨轩"。通过金庸小说里风清扬的师傅独孤求败可以找到马云的职业生涯答案。在独孤求败的剑冢里的四把剑描述了他的武功发展路径，这四把剑恰好也说明了马云的职业发展之路，我们称之为利剑期、软剑期、重剑期、木剑期。

利剑期：凌厉刚猛，无坚不摧，弱冠前以之与河朔群雄争锋。

软剑期：紫薇软剑，30岁前所用，误伤义士不祥，悔恨无已，乃弃之深谷。

重剑期：重剑无锋，大巧不工。40岁前恃之横行天下。

木剑期：40岁后，不滞于物，草木竹石均可为剑。

职业发展也有四把剑：利剑、软剑、重剑、木剑。今天你想拿起哪把剑？祝各位职业经理人可以驾驭职场，从容一生。

一、职业理想是职业生涯规划的起点

职业理想是人们在职业上依据社会要求和个人条件，借想象而确立的奋斗目标，即个人渴望达到的职业境界。它是人们实现个人生活理想、道德理想和社会理想的手段，并受社会理想的制约。职业理想是人们对职业活动和职业成就的超前反映，与人的价值观、职业期待、职业目标密切相关，与世界观、人生观密切相关。

（一）职业理想的作用

职业理想具有如下三个方面的作用：

（1）职业理想是职业选择的向导。由于职业理想是人们对未来职业的向往，一个人一旦确立了科学的职业理想，就应当朝着实现这一理想的方向去努力。而为了实现自己的职业理想，首先必须选择一个与之相适应的职业，这个职业可以是所从之业，也可以是所创之业，否则，职业理想就无法或者很难得到实现。因此，在进行职业选择时，其职业理想将起着非常重要的导向作用。

（2）职业理想是取得职业成功的推动力。由于职业理想是人们对未来职业的追求，它不仅包括了工作的部门、工作的种类，还包括工作的成就。无论从业，还是创业，每个人都有自己的职业理想。为了实现自己的职业理想，从学生时代起，就必须积极进行相关知识的积累和相关能力的培养，为选择自己理想中的职业做准备；走上职业岗位后，还要能够利用自己所学的知识和所掌握的能力，努力地、创造性地做好岗位工作，力争取得优异的工作成绩，并最终取得职业成功。

（3）职业理想是事业成功的精神支柱。职业理想是成就事业、推动社会进步的精神力量，有了这样的精神力量，无论是在职业准备、职业选择还是在就业或创业的过程中，无论遇到什么样的困难、什么样的曲折，就都会朝着已经确立的职业目标前进，直到取得事业上的成功。

（二）职业理想的树立

每个职业经理人由于思想素质、道德观念、知识能力、家庭背景、对外界影响的接受程度不尽相同，因此也就不可能有统一的职业理想。

在择业时要用科学的世界观作为指导。一切从实际出发，实事求是地确立自己的职业理想。从实际出发，一方面是从我国还处在社会主义初级阶段这个实际出发。现阶段我国的大多数企业高科技含量还不高，劳动强度还比较大，劳动条件比较艰苦，择业时应该有吃苦的思想准备。另一方面，就是要从自身的条件这个实际出发。此外，在确立职业理想时，应该学以致用或选择相近的职业作为自己理想的职业。

要树立正确的职业理想，必须做到如下几点：

1. 全面地认识自己

要树立正确的职业理想，首先必须全面地认识自己。一要全面认识自己的生理特点，主要包括性别、身高、体重、视力、健康状况、体质和相貌等；二要全面认识自己的心理特点，主要包括兴趣、能力、气质和性格特点、人格类型以及道德品质等；三要全面认识自己的学习水平和将来可能达到的状态；四要正确认识自己的身心特点、学识能力等与未来职业需要之间的差距，要在全面认识自己的基础上，结合自己的发展潜力，对自己进行合理的定位。

只有这样，才能制定出一个适合自己特点的、切实可行的奋斗目标，也才能确立一个可以实现的职业理想。

2. 全面地了解社会

树立正确的职业理想，要全面、科学地了解社会、了解职业。一要了解党和国家的路线、方针、政策；二要了解我国社会的经济构成及其发展状况；三要了解我国的基本国情；四要了解各地区的产业结构、行业结构和职业结构；五要了解各种产业、行业和职业对职工共同的基本要求和不同的具体要求；六要了解自己所学专业所对应的职业群，以及该职业群在社会主义建设中的地位和作用；七要了解该职业群中各种职业的社会价值、工作性质、工作条件、工作待遇、从业人员的发展前途，以及该职业群中各种职业对人员的素质要求，包括学历、专业、性别、智力、体力、性格等方面的要求。

3.树立正确的人生观

人生观是人们对于人生目的和人生意义的根本看法和根本态度，不同的人生观会产生对人生的不同看法和不同态度，而对人生的不同看法和不同态度，则会导致人们选择不同的人生道路。

由此可见，持不同的人生观的人，其职业理想也一定不同。正确的人生观会产生正确的职业理想，错误的人生观则会产生错误的职业理想。因此，要根据时代的要求，根据社会发展的要求，坚持以辩证唯物主义和历史唯物主义的立场、观点和方法看待人生，坚持以最广大人民群众的根本利益为核心，坚持以实现社会主义的共同理想为目标，不断加强学习，不断提高自己的思想觉悟，不断提高自己的思想素质、文化素质、能力素质，不断地完善自我，做到自尊、自爱、自强，树立正确的价值观、苦乐观、幸福观、荣辱观，进而树立为人民服务的正确的人生观。

只有这样，才能使自己的职业理想符合人民大众的根本利益，把选择职业与选择人生道路有机地结合起来，使自己在从业或创业的过程中，既实现自己的人生价值，又为人民、为社会做出应有的贡献。

4.树立正确的职业观

职业观是人们在选择职业与从事职业所持的基本观点和基本态度，是理想在职业问题上的反映，是人生观的重要组成部分。职业观具有三个基本要素：一是维持生活；二是发展个性；三是承担社会义务。在三个基本要素中哪一个要素占主导地位，将决定一个人职业观的类型与层次。正确的职业观是把三个基本要素统一起来，以承担社会义务作为主导方向。

由此可见，有不同的职业观，就有不同的职业理想。

二、怎样规划并实现你的职业生涯

（一）规划职业生涯的流程

职业经理人职业生涯设计一般包括七个方面：自我评估、职业确定、选择雇主、实际检验、目标设定、行动规划和职业保持。

1. 自我评估

自我评估指职业经理人通过各种信息来确定自己的职业兴趣、价值观、性格倾向和行为倾向。在自我评估中，一般采用心理测试。例如，周浩在中国银行天津某支行当了六年的部门经理，他喜欢从事电脑工作，也喜欢研究规划开发问题。他不能确定自己是该继续从事电脑工作，还是从事软件开发的新职业。心理测试是职业生涯评估工作中的一个组成部分，心理测试的结果表明，他对研究与开发有着强烈的兴趣。结果他自己开了一家软件开发公司，经营业绩不错。

另外，自我评估练习在职业生涯设计中有助于职业经理人了解自己的状况，制定未来的规划，如表 3-1 所示。

表 3-1　自我评估练习举例

	活动（目标）
第 1 步	我现在处于什么位置？（了解目前职业现状） 思考一下你的过去、现在、未来；画一张时间表，列出重大事件
第 2 步	我是谁？（考察自己担当的不同角色） 利用 3×5 卡片，在每张卡片上写下"我是谁"的答案
第 3 步	我喜欢去哪儿？我喜欢做什么？（这有利于未来的目标设置） 思考你目前和未来的生活。写一份自传来回答三个问题：你觉得已经获得了哪些成就？你未来想要得到什么？你希望人们对你有什么样的印象？
第 4 步	未来理想的一年（明确所需要的资源） 考虑下一年的计划：如果你有无限的资源，你会做什么？理想的环境是什么样的？理想的环境是否与第 3 步相吻合？
第 5 步	一份理想的工作（设立现在的目标） 思考一下通过可利用资源来获取一份理想的工作，考虑你的角色、资源、所需的培训或教育

活动（目标）
第6步	通过自我总结来规划职业发展（总结目前的状况） 是什么让你每天感到心情愉悦？ 是什么让你每天感到心情愉悦？ 你擅长做什么？人们对你有什么样的印象？ 为达到目标，你还需要什么？ 在向目标进军的过程中，你会遇上什么样的障碍？ 你目前该做什么，才能迈向你的目标？ 你的长期职业生涯目标是什么？

2. 职业确定

清楚地认识自己只是个人职业生涯设计的开始。你还应当确认哪些职业对你来说是正确的（就你的职业性向、技能、职业锚以及偏好而言），并且在未来的若干年中是有着较高的社会需求的。

对职业进行研究只需要在图书馆中花上几个小时（或者是几天或几周）就可以了。例如，《职位名称词典》（Dictionary of Occupation Titles）就是一本关于各种职位介绍的综合性工具书，它对多达 20000 种以上的职位进行了详细的工作描述。在查阅相关书籍的基础上，如果能够结合专家提供的职业咨询，确定自己所喜欢从事的职业应该没有太大的问题。

为了改善你所做的职业选择决策，你可以做而且应该做两件基本的事情：

首先，你自己必须对自己的职业选择负责，即你应当明白，职业选择中的许多重要决策必须由你自己来做出，而进行这些决策又要求你制定大量的个人计划并付出大量的努力。换言之，你不能将自己的职业选择交给别人去决定，而必须自己决定去从事何种职业以及为了从事这种职业你必须做出何种迁移决策、必须具备何种教育程度等。

其次，你必须成为一个出色的诊断专家，必须（通过职业咨询、职业性向测试、自我诊断书籍等）清楚地了解自己的才能或价值观是什么，以及这些才能或价值观与你所考虑中的职业是否匹配。换句话说，进行职业规划的关键是进行自我透视：①透视个人希望从职业中获得什么；②透视个人的才能和不足；③透视自己的价值观以及它们是否与自己当前正在考虑的这种职业相匹配。

正如施恩指出的："许多人从来没有想到去问一问自己（我所提出的）这些问题，更多的人则是不愿意去回答这些问题。当我与麻省理工学院的毕业生进行座谈时，令我感到十分震惊的是，我发现许多回答者都说他们在自己近十年的职业生涯中从来没有问过自己像我在填写他们的详细工作经历时所提问的那些问题。"

3. 选择雇主

一旦职业经理人做出职业选择（即使是暂时的），下一个主要步骤就是决定到哪儿工作。选择雇主可能主要基于地点、可以即刻从事的岗位、开始的薪金，或其他一些基本的考虑。然而，准备从事专业或管理职业的大学毕业生很可能有着较为复杂的考虑。道格拉斯·霍尔认为，通常人们根据其氛围来选择组织，并根据组织是如何来适应他们的需要来进行选择。根据霍尔所言，对成熟有高需求的人可能会选择积极进取的、以成功为导向的组织。以权力为导向的人可能选择有影响力的、有权势的、以权力为导向的组织。喜欢从众的人可能选择温馨的、友善的、支持型的组织。我们知道，人们的需要只要与组织的氛围相适应，他们就会得到比那些很少与其组织氛围相适应的人员更多的回报。所以，很自然会得出这样的结论，即在个人选择组织时适应性也是一个被考虑的因素。假定变化存在，个人在其整个职业生涯中只待在一个组织里就显得越发不可能。从开始一直待在同一公司的"组织人"的老模式正在被一个更为自由的职业模式所代替。

4. 实际检验

实际检验指职业经理人从公司中获得信息，了解公司如何评价其支持和知识，及他们该怎样适应公司的计划（如潜在的晋升机会或平级调动）。在详细周密的职业生涯规划体系中，通常需要进行专门的绩效评估和职业生涯发展面谈。例如，美国可口可乐公司的职业生涯规划体系规定，在每次的年度绩效总结之后，要和职业经理人单独举行一次面谈，以讨论职业经理人的职业兴趣、优势以及可能的开始活动。

5. 目标设定

目标设定指职业经理人形成短期职业生涯目标的过程。这些目标通常与理想的职位（在三年内成为销售经理）、技能的运用水平（运用预算能力来改善部门的现金流动状况）、工作安排（两年之内调动到公司的市场部），或技能获取（了解如何运用公司的人力资源信息系统）相联系。职业经理人通常要同经理讨论这些目标，并把其写进开发计划之中。表 3-2 就是一份开发计划书范本。

表 3-2　职业生涯发展计划

开发需求——目前的职位
为提高或维持令人满意的工作绩效而必备的专业知识和技能：

开发需求——未来的职位
今后的职业所应具备的专业知识和技能：

理想工作：

开发活动
经理和员工需要一起完成以下活动内容：

开发目标：
描述已达到了开发需求的行为或结果：

结果：

日期：
员工签名：
经理签名：

6. 行动规划

行动规划指职业经理人为达到长短期职业生涯目标应采取的措施。它包括参加培养课程和研讨会，开展信息交流或申请公司内的空缺职位。

进入组织之时，顺着选定的职业，设定个人职业目标十分必要，它会使你有良好的职业工作开端，防止产生做一天和尚撞一天钟的情况。不过，光有职业目标还不够，只有在目标指引下，采取切实可行的行动规划，脚踏实地地做好组织工作，才能达到预期目的。维克曾经有过一次经验教训：他大学毕业后，到英国国家传播公司任影片助理剪辑，这是他想在电视业谋求发展的起点，但是，10个月后，他却辞职了。他认为自己身为一名大学毕业生，却将时光消耗在编号、贴标签、跑腿等琐事上，有受骗之感。后来，他发现，与他同时进入组织的同事，已成为羽翼丰满的导播或制作人。显然，他冲动辞职的决定，使自己关闭了在电视界闯出一番事业的大门。如果他做出自己在电视界发展的规划，会将做影片剪辑和打杂的几年看成他发展的必经之路，是预先应付出的代价，也一定能脚踏实地地走出自己的成功之路。

7. 职业保持

对于大多数人而言，工作是他们全部生活的一个主要方面。实际上，它提供了一种背景来满足人们全方位的需要，因此，它对个人而言，具有相当大的价值。可见，正确保持一个人的职业是明智的。然而，要保持职业发展的光明前途，对生活的其他重要方面也不可忽视。

（1）业余兴趣。一个人对生活的满足感是许多力量综合在一起的结果。比较重要的组成部分有身体健康、感情丰富、经济安全、和谐的人际关系、远离压力的自由和个人目标的实现。当职业仅能够提供给一个人所需要的满足感的一部分时，就会发现大多数人必然将目光转向工作之外，寻找新的兴趣和活动。离职活动不仅提供了一个休息的机会，使之得以摆脱日常工作中所担负的责任，而且还能够在与工作无关的领域中得到全身心的放松和满足。

（2）婚姻和家庭生活。一个人的职业发展计划和一个组织的一样，必须将配偶和孩子的需要考虑进去。正如我们前面所说的，常常对家庭需要构成最大威胁的事情便是再安置。在一个人的职业发展中，提升的需要与待在一个地方稳定家庭根基的要求之间的矛盾常常使之走向不幸。现在，许多雇主在这方面提供一定的帮助，包括再安置的咨询服务，并尽可能减轻伴随着再安置而带来的痛苦的严重性。

当再安置可能成为职业经理人家庭最严重威胁时，在职业和家庭之间肯定还存在其他矛盾。与工作有关的矛盾来源有每周工作小时数、加班频率及出勤和轮换工作的不规律性。另外，职业经理人工作角色的模糊、低水平的领导者支持和没有实现期望而导致的挫折都会影响其生活，从而使之远离工作。与家庭有关的矛盾包括不得不在其所关心的事情上花去的大量时间、配偶的工作方式，及夫妇职业方向的不一致性。

（3）退休计划。一个仍处在职业生涯早期阶段的人可能会觉得距离退休还有一段很长的路要走，但实际上，为它制定计划并不太早。为了实现一个令人满意的退休，应该为它做好准备，因此，在整个成人阶段就需要关注健康、金钱、家庭和人际关系。尽管许多大组织有退休前计划，但不幸的是，那些计划的许多参加者已经太接近实际的退休年龄了。因此，每一个人都有责任更早地计划以便有时间为一个健康的、令人满意的退休进行不同阶段的安排，使之尽可能地摆脱忧虑——特别是在生活中能够早一点减少或避免的那些忧虑。

（4）维持平衡。在一定程度上，那些没有对其婚姻和家庭关系给予必要的关注和关心的"与工作成婚者"们会缺乏对满意生活所需平衡的真正意义上的理解。一个人应该时刻意识到，"在一个商业世界里要想成功，就要进行艰苦的工作、花更长的时间、坚持不懈的努力和持之以恒。而在婚姻中要成功的话，同样也要进行艰苦的工作、花更长的时间、坚持不懈的努力和持之以恒……问题就在于要给予每一个人责任，而不是欺骗别人"。

案例：何先生的职业生涯规划

1. 基本资料

姓名：何先生；性别：男；血型：B 型；

出生年：1970 年；出生地：四川成都；

职业性向：领航兼增值型；学历：本科；

目前年龄：30 岁（2000 年）；

死亡预测：70 岁（2040 年）；尚余年限：40 年。

2. "SWOT" 分析

（1）优势。①有较坚实的制造业企业管理理论基础（但仍需不断吸收新观念、新知识）；②有 3 年工厂基层技术及管理经验和 5 年的工厂中层管理经验（但仍需充实这方面的经历和经验）；③善于沟通，善于与人相处，适应能力强（才干一）；④分析问题时头脑冷静，善于发现和解决问题（才干二）。

（2）弱势。有时缺乏冲劲，做具体工作动作较慢（弱点）。

（3）机会与威胁。目前所处工厂属于稳定期，调薪较慢，升迁机会极小。应抓紧时间多学习，打下基础，为下一步突破养精蓄锐。

3. 整体职业生涯规划

（1）整体职业生涯目标。成为一家中型制造业企业的总经理。

（2）阶段目标。①30~32 岁，仍在现企业任职，争取调换职位，熟悉制造、品管、工程、物料等部门的运作，同时自学 MBA 的主干课程。②33~35 岁，跳槽应聘制造业企业管生产的副总经理等相关职务，从事工厂的全面管理工作，同时自学营销方面的课程。③35~39 岁，从事制造业企业的高层管理。④40 岁，应聘一家中型制造业企业的总经理。之后，一边从事管理工作，一边不断学习和实践，逐步成为一名优秀的职业经理人。

（3）家庭目标。目前已婚。31 岁开始以 10 年期供房，32 岁时育一子。

（4）健康目标。至少购买 50 万元人民币保额的人身保险，注意身体健康，不要成为家庭与事业的负担。

（5）收入目标。2000~2002 年，年薪 8 万~10 万元人民币；2003~2005 年，年薪 10 万~15 万元人民币；2010 年，年薪 30 万元人民币，之后每年以 5%~10%的增幅增加。如果可能，自行创业（非绝对目标）。

（6）学习目标。2000~2002 年，自学完 MBA 主干课程；2003~2005 年，自学完营销管理主干课程；2005 年以后每月至少看 10 本以上相关管理书籍，并将学到的知识用于管理工作之中。

4. 2000~2005 年的职业生涯规划

（1）一个成功人士，必须具备下列条件。①拥有更详细、更具有实效性的工厂全面管理的专业知识。②对重要事件的细节保持敏锐度。③对问题有刨根问底的精神，具有全面分析、判断问题与解决问题的能力。④抓住机会，勇于行动。⑤保持对新事物的敏感、创新和创意力。⑥不断改进、追求完美。⑦均衡的学习技巧与习惯。

（2）秉持理念：人生中的每件事不是都事先安排好的。①机会是靠自己的努力和时刻准备着的意念创造出来的。②人生只有两种痛苦，一种是努力时的痛苦，另一种是后悔时的痛苦。③有志者，事竟成。

（3）行动目标。①在任职企业中完全胜任自己的工作，并争取换岗，熟悉各部门的运作规律。②在企业的运作和实践中学习和掌握所有工业企业管理的知识和实际操作能力。③自学完 12 门 MBA 主干课程。④每年至少参加 100 小时以上的相关管理培训课程。⑤每月至少读 1 本相关专业的书籍。⑥每周体育锻炼 3 小时。⑦在 2004 年底前跳槽成功，并从中层管理职位转为高层管理职位。

（二）消除你的职业生涯发展障碍

无论是何种类型的职业经理人，必须洞察职业生涯发展的障碍是如何影响工作的。如果这些障碍得不到解决，目标和行动计划不可能成为现实。这些障碍包括：

（1）"应该忍受不合适的工作"的错误感觉和想法。设定规划目标时必须考虑现实因素。

（2）急于求成，没有付出必要的努力，不具有坚定不移的精神。

（3）企图取悦他人。一般而言，经理人对待工作和职业的态度受到儿童时期所观察到的父母对工作和职业态度的影响。当然，父母能够为他们充当有益的向导和榜样。有些人选择职业是为了使父母高兴而不是为了自己。如果没有天赋和兴趣而去被动适应某一特定的职业，随之而来的将是一生的不满和怨恨。他们有些人无法在自己的需求和对他人（如家人）的责任之间保持平衡。

（4）对老板抱有错误的态度。一些人将他们的老板"父母化"，重新扮演儿童时期的角色，这将导致他们对雇主各种感情并存或者不愿自我管理、自立，而只是被动地依靠他人。

（5）消极的想法。我们许多人儿时都得到过对自身能力和价值的消极的评价，这些评价导致我们一生都认定这些因素将限制我们，并使我们没有能力达到那些我们想要或能够达到的职业目标。

三、职业生涯规划应该注意的问题

俗话说，计划赶不上变化。环境、机遇、经理人市场、自我条件等各方面时刻都在变化，我们的职业生涯规划也应该随需应变，有时甚至要做出职业方向和目标的大转移。

职业生涯规划是我们前进的路标和指南，但它不应该成为束缚我们前进的绳索。所以，我们必须审时度势，在职业成功的奋斗过程中，应对时空环境和条件的变化，顺应自我感性与理性的追问，做出适当的调整。一般而言，我们每隔两三年，就应该重新检视职业生涯规划的科学性、可行性、现实性和先进性。

（一）寻求职业生涯规划的导向

1. 找准职业生涯规划的"支点"

案例：李平是去还是留

李平是山东某地区的区域经理，负责电话机、传真机的批发业务。由于他工作出色，被调到一个陌生的市场。前三任经理两年来在这个市场业绩最高也没有超过 15 万元/月，因此李平的压力很大。

李平喜欢挑战性的工作，凭借丰富的销售经验、良好的人缘及艰苦努力，李平到任三个月，业绩月月超过 20 万元，每月收入不菲。这样的待遇很快遭到同僚的妒忌和攻击，在下一年的工资改革中，李平的工资被砍了一半。他心里很不平衡，跟总经理协商不成，便萌生去意，但一时还没找到理想的地方。这时李平该不该跳槽？

其实，李平的困惑在于他没有找到自己的职业生涯支点。职业生涯规划有三个支点，就是生存支点、发展支点和兴趣支点。而这三个支点的核心是：我为什么要工作？或者说，我工作的价值观是什么？

2. 立足生存支点规划职业生涯

这种支点会把薪酬作为主要导向，换句话说哪儿钱多往哪儿去。如果总是这山望着那山高，一有高薪的机会就跳槽，可能在跳来跳去中忽略了自身能力和水平的提升。生存支点并没有原则性错误，关键是不能把它当成最重要的东西去追求。要知道，比生存更重要的是你的生存能力，保住高薪的唯一途径就是不断提高获得高薪的能力。所以，如果一直以生存为支点来做职业规划，就是一种杀鸡取卵的短视行为，会变成工作的工具而丝毫享受不到工作的快乐。

3. 立足发展支点规划职业生涯

这种支点会以自身的进步作为导向，或者说是过程导向（学习导向），把职业生涯当成自身不断学习、不断进步、不断成长的过程。即使所从事的职业自己并不是特别喜欢，薪酬也并不是特别高，但更看重从中获得的经验积累和技能的提升。这些收获会让你的职业增值，帮助你实现未来事业上更大的成功。

4. 立足兴趣支点规划职业生涯

这种支点会以快乐作为导向，或者说是感觉导向。职业和工作是自己的乐趣，工作着并快乐着，在职业的过程中享受人生。这种导向的人并不一定在乎眼前的薪酬多少，也不在乎将来能获得什么地位与荣誉，在乎的是能找到自己喜欢的职业，能享受工作的过程。他们会对工作投入极大的热情，忘却疲倦，甚至感到生命从此变得绚烂多彩。喜欢是做好一件事的前提，兴趣是成功的最大驱动力。

经理人做职业规划时，要根据自己的职场修炼程度适时改变职业规划支点。当解决了温饱问题后，就要将原来的生存支点转移到发展支点上来，重新调整自己的职业规划。即使目前的工作能获取高薪，但知识及技术含量不高，没有什么发展空间，也不该多留恋。也可以依兴趣支点来重新规划，找一份曾经梦寐以求的工作，也许薪酬并不一定比原来高，但只要足以维持体面的生活即可。这是职业的最高层次，这时，工作就融合为生活的一部分，成为人生的一种享受。

明确了自己的职业生涯规划支点，再结合所在企业的企业文化、发展空间等因素进行综合考虑，上述案例中的李平可能就不会再困惑下去，而会做出明智果断的职业选择。

（二）理清职业生涯规划的思路和方向

在规划职业生涯的过程中，问自己下面七个问题，可能会有助于我们理清职业方向和思路。

1. 我喜欢做什么

兴趣和喜欢是人们工作动力的源泉。为什么有的人得到了优厚的薪酬福利，登上了理想的职位，在别人看来是一个令人羡慕的成功人士，可他自己却闷闷不乐，很可能是因为他目前从事的职业和工作不是自己的兴趣所在。所以，在设计自己职业生涯的过程中，必须考虑职业方向、目标和路径是否与自己的兴趣相吻合。从事与自己的兴趣爱好相一致的职业和工作，不仅会加速自己的成功过程，而且能达到"工作着并快乐着"的职业顺境。否则，不但很难实现职业成功，还容易陷入"工作着并痛苦着"的职业逆境。

2. 我擅长做什么

每个人最大的成长空间在于其最终的优势领域。你可以把自己已经证明的能力和自认为可以开发出来的潜能——列出，在进行职业选择时择己所长。

当某项工作使你感到压抑、不愉快，并且成绩平平时，那么，在这件事情上的能力便是你的弱点。对于一个集体，需要克服的是"短板定理"，而对于个人，不要想着努力去补齐短板，而是应该尽力发挥自己的长处。也就是说，如果你是个左撇子，你就应该提升和发挥你左手的优势，从事能使左手大显身手的职业和工作，而不是去拼命提高右手的行动能力。

3. 环境支持或允许我做什么

环境分析是职业生涯规划的重要一环。大到国际环境、国家环境、城市环境、行业环境等，小到企业环境、人际关系环境、家庭环境等，都应该充分考虑。可以列出自己的优势、劣势、机会和威胁，进而在职业规划和选择中，强化和发挥优势，抓住职场机会。例如，依你的职业实力，完全可以在沿海发达地区的知名企业获得一个很有发展潜力的职位，但是，上有老下有小的家庭环境是否允许就值得考虑。

4. 社会需要什么

社会的需求不断演化着，旧的需求不断消失，新的需求不断产生，昨天的抢手货或许今天就会变得无人问津。所以在设计职业生涯时，一定要分析社会需求趋势，要将自己的职业方向规划在社会发展的朝阳行业上，而不是"下坡赶驴，一步跟不上，步步跟不上"。

5. 我要什么

我要什么？多多益善的金钱？更高的职位？安稳平静的环境？家庭的天伦之乐？还是无拘无束的生活？这就要倾听来自心灵深处的职业锚的呐喊：我究竟喜

欢什么？我究竟需要什么？什么才是我最为珍惜和追求的？我为什么而活着？

6. 怎样制定职业生涯规划

设计职业生涯时要考虑事业与家庭、物质与精神、兴趣与工作、长期与短期之间的平衡与和谐，特别是要考虑与自己的价值理念是否一致。形成的职业生涯规划要符合 SMART 原则，即具体明确的、能够衡量的、可以达到的、平衡关联的、设定期限的。同时还应该为实现职业目标做好必需的精神、资质、能力以及人际关系准备。

7. 干得如何，是否满意

每年辞旧迎新之际，我们都要重新审视自己的职业生涯，问一问自己：我今年干得怎么样？我实现自己的职业计划了吗？取得了哪些业绩？存在什么问题？我的生涯规划需要调整吗？我明年应该怎么干？我还应该提升哪些方面的职业能力和竞争力？

（三）始终重视打造核心竞争力

职业生涯规定不是算命，是对自己职业生命的一种精细管理。要把自己的特长强项、兴趣爱好与社会需求捆绑起来考虑，不是一件简单的事情，从自我剖析到制定目标，再到正确执行，其中充满了变数。在竞争日趋白热化的今天，我们唯一可以确定的就是：未来是不确定的，所以你要不断地充实自己，打造自己的核心竞争力，才能在职场中不断取得成功。

案例：诸葛亮的职业生涯规划

东汉三国时期，群雄逐鹿，人杰辈出。与绝大多数怀才不遇者的思维定式相反：长期隐居南阳草庐的诸葛亮一出山就投靠了当时最为势单力薄的刘备集团并终生为其奔走效力。

在为刘备集团做出杰出贡献的基础上，诸葛亮实现了个人事业的成功，这归根结底取决于诸葛亮近乎圆满的职业选择策划！

首先，诸葛亮的个人职业发展定位非常清晰。诸葛亮自幼胸怀大志，始终以春秋战国时期两位著名的最高参谋管仲、乐毅为个人楷模，立誓要成为他所处时代杰出的"谋略大师"，为光复汉室贡献力量。同时，诸葛亮也非常清楚：自己长期积累的才干已具备了实现职业目标的可能。

其次，从应聘对象选择上看，诸葛亮也独具慧眼：曹操已经统一了半个中国，实力雄厚，最有资格挑战全国统治权；孙权只求偏安自保；而势力最为弱小的刘备集团却具备快速成长、与曹操和孙权三足鼎立乃至在此基础上一统天下的可能性。

原因在于：第一，刘备始终坚持光复汉室的理想并在全国赢得了相当一批支持者——这与诸葛亮的个人价值观吻合；第二，刘备品性坚韧顽强，敢于与任何强大的敌人对抗；第三，刘备待人宽厚谦和，团队凝聚力强；第四，刘备是汉朝皇族后裔，具备名正言顺继承"大统"的资格。以上条件恰恰是刘备增值潜力最大的资源且其他诸侯很难模仿、替代。此外，还有一个非常重要的原因：赤壁之战前夕，曹操和孙权两大集团都已人才济济、颇具规模，诸葛亮若去投奔，最多也只能成为一名"中层管理人员"；而刘备集团当时主要由一些武将构成，高级参谋人才缺乏，诸葛亮完全有可能被破格提拔进入最高领导层！

最后，在应聘准备和应聘实施方面，诸葛亮更是做得登峰造极！

在个人推销方面，诸葛亮通过躬耕陇亩给外界留下踏实肯干的印象。同时，他还自作了一篇《梁父吟》，含蓄地表明心志。此外，诸葛亮在与外人言谈中每每自比管仲、乐毅，一方面宣传了个人的卓越才华，另一方面也表明了他对"和谐双赢"的君臣关系的向往。诸葛亮个人才能和求职意向等重要信息最终通过各种渠道传递到了刘备那里。

在应聘临场发挥方面，诸葛亮在完全私密性的"隆中对"时，通过逻辑严谨的精彩表述充分展现了个人对国内军事、政治形势以及刘备集团未来发展战略的全面深入思考，令刘备对这个27岁的年轻人大为叹服！此后，刘备始终待诸葛亮为上宾，全部重大决策都要与其共同协商探讨，甚至在临终之时还有托孤让位之举。诸葛亮也始终对刘备忠诚一心，鞠躬尽瘁。深厚的君臣情谊是刘备集团后来事业蓬勃发展、最终与曹操和孙权三足鼎立的重要因素，并传为千古佳话！

诸葛亮是昔日乱世中的一个孤儿，若非正确的职业选择助力，很可能就淹没在历史的尘埃之中，永不为人所知。但积极进取且颇有心计的诸葛亮通过在职业选择上的完美谋划，彻底改变了自己的命运。

（四）走好职业生涯发展的第一步

管理者职业生涯发展的一个重要方面就是作为一名初级的职业经理人或者刚刚跨入职业经理人行列的经理人应如何面对一些进退维谷的局面。

为了能够适应这一新的职位，你应该做到：①通过对组织内的政治形势和权力状况进行分析，建立有效的合作关系，为新的位置做准备；②建立良好的第一印象；③开发有效的沟通策略；④设计一个好的愿景和使命，并传达给每个员工；⑤得到他人的认同；⑥处理好生活和工作的关系，从而使工作需要不至于危及私人关系。

除此之外，你还应该注意解决以下问题：①不清楚任命章程；②没能识别出利益相关人并与之建立合作关系；③熟悉工作的速度太慢；④不能够融入现有的文化或无力建立一种合适的文化；⑤在主要的人际关系上存在问题；⑥无法实现工作和家庭生活之间的平衡；⑦过分依赖已有的专业和管理技能。

（五）注意应对职业生涯发展的各种可能情况

职业经理人的职业生涯发展存在阶段性，在不同的阶段也会出现一些经常发生的情况，如中途转换职业或者职位、突然失业、提前引退等。

1. 做好职业转换的准备

现在，一个人的职业不可能是永久不变的。一些学者估计，人的一生会经历4~5次职业转换。职业转换逐渐被认为是成长和发展的一个标准特征，而不被认为是错误选择的结果。

作为一名中途转换职业的经理人，可以在以下三方面进行训练，对自己的发展将会有所帮助。

（1）培养改变现实和承担风险的勇气。有些职业经理人常有各种疑问，例如，自己是否具有足够的勇气跨进一个或许无用的领域？改变方向是不是太晚了？可能在工作中得到真正的满意和意义吗？面对这一问题，经理人应该注意拓展职业选择范围的意愿，鼓励自己积极地、坚持不懈地迎接挑战。

（2）开发技能和潜力，使自己成为一个独立自主的工作者或是一个"重量级的人物"。

（3）熟悉将要从事的领域或行业。这样的目标包括以下方面的训练：对其他行业和组织进行调研；与他人沟通、联系和开发一个支持体系；与虽然没有传统的资格认证却已经获得某一职位的专业人士交流。

2. 从容应对失业

职业经理人要注意培养自己的职业顺应能力。职业顺应能力指的是应对失业或职业中挫折的能力。失业带来的创伤（尤其是精神上的）会给经理人对自我价值的感知和自信心带来负面的影响，而这些因素又反过来限制了他们对新工作的追求。

因而，为了能够从容地应对失业问题，你可以做的事情有：

（1）处理并解决好失业带来的悲伤、愤怒和羞愧等情绪。为自己创造一个安全的环境，放松自己，适当发泄情绪，并找到应对它们的策略。

（2）处理好预期、渴望及自身心态状况的各种关系。

（3）重新对自己的职业技能进行评估，对职业生涯进行回顾，突出过去的成功之举和明智之处。

（4）通过各种方法增强改变工作方向的意识，对未来职业的各种可能性进行讨论并提出思路。

（5）进行职业调研，吸取资源。

（6）设定目标和构建行动计划。

（7）在寻找工作的过程中提供反馈和及时的支持。

3. 如何英明地引退

发展到比较高阶段的，或者达到一定年龄的职业经理人，可能会面临这些问题。引退的原因可能是出于见好就收的心理，急流勇退，来保证自己的一世英名；或者由于年龄或者身体原因非自愿地引退等。对于后者，可能会面临短暂的失落感，但也有享受生活的大好机会；而对于前者，则会有享受成功带来的喜悦、自由的选择等各种令人开心的心境。

面对这一话题，职业经理人应该注意：

（1）为积极的改变做准备。为自己身份的改变重新订立价值观和目标，以适应形势的变化。

（2）正视经济现实。职业经理人经过了长时间的职业生涯以后，可能会有较高的积蓄，那么在引退以后就要注意理财的技巧。

（3）全心投入家庭。引退后，工作中的归属感、亲密感甚至是权力不复存在，要尽可能全身心地投入家庭。

（4）处理好时间。尽管引退带来了很多益处，但是一些人会感到时间难以打发。所以，应该参与组织一些愉悦和有益的活动，包括兼职工作、志愿工作、参加一些协会、培养自己的业余爱好或重新拾回某一兴趣。

第四章　掌握成功绩效管理的要诀

权然后知轻重，度然后知长短，物皆然，心为善。

——孟　子

三个小故事

1. 蝴蝶效应

一只南美洲亚马孙河流域热带雨林中的蝴蝶，偶尔扇动几下翅膀，就可能在两周后引起美国得克萨斯州的一场龙卷风。

2. 马蹄的故事

有一匹战马，它的马掌上掉了一枚铁钉，这铁钉一掉，马掌就松动了，不多久，马掌也掉了。马掌一掉，马蹄没了保护，在战场上就等于失掉一匹战马。凑巧的是这匹马上刚好坐着一位将军，由于战马的原因将军丢掉了性命，而将军又恰好是这场战争的主帅，于是这场战争也输掉了。因为这场战争对这个国家非常关键，所以最终这个国家也灭亡了。

3. 青蛙和莲花的故事

从前，有一个很大的池塘，在池塘的一端有很多莲花，生长得非常茂盛。在池塘的另一端是一群青蛙，青蛙每天都在池塘里自由自在地游来游去。突然有一天，有一些污水流入池塘，这污水恰好是莲花的增长剂，于是池塘里的莲花以两倍的速度生长。很快，整个池塘都被莲花占满了，青蛙连落脚之地都没了。如果青蛙早一点预料到莲花会有这么快的生长速度，就要赶快采取措施阻止它们生长。我们假定青蛙需要奋斗十天才能阻止莲花的生长，那么在池塘里莲花有多大面积的时候，就必须开始行动？问题很简单，答案也很容易计算：只要青蛙在莲花所占面积不到池塘千分之一的时候采取行动，就能避免被莲花挤出池塘。

蝴蝶效应和马蹄的故事都阐明了一个道理：即使是很小的风险或潜在的危机，都有可能影响整个公司的发展，甚至带来毁灭性的灾难。青蛙和莲花的故事则说明，如果能及时发现公司里的危机或风险，采取有效、合理的措施化解危机，抵御风险，防患于未然，那么公司就能朝着健康、良性的方向发展。绩效管理就是帮助经理人发现潜在问题、实施风险监控的好帮手。它能为公司解决如下问题：

➡ 怎样管好公司。

➡ 怎样发现公司的风险。

➡ 怎样抵御风险。

➡ 怎样使公司更好地向前发展。

一、绩效管理发展史

伴随着商业经营模式的调整和转变，绩效管理的发展也经历了相应的发展和进步。简要地说，就是从注重财务指标发展到关心产品质量，再发展到运用平衡计分卡和绩效棱镜。

1900 年初：杜邦三兄弟倡导财务比率金字塔的杜邦分析法和投入产出分析法（ROI），通过考察公司投入资源与获得收益之间的关系来评价公司的绩效。

1920 年：Geoffrey Chandler、H. Thomas Johnson 提出传统财务概念，即用现金流量、资产负债、利润率等基本的财务指标来衡量公司的绩效。当时的公司处于以生产为导向的工业时代。

1980 年：公司间竞争日益激烈，市场上供过于求，公司的营销导向转向依靠高质量的产品来占领市场，于是出现了质量控制（ISO9000 / TQM / EFQM）、操作层/无绩效度量等公司绩效管理方法。

1992 年：Kaplan、Norton 提出平衡计分卡概念。

20 世纪 90 年代后期：强调知识资产驱动、无形价值的管理。

1996 年：Kaplan、Norton 将平衡计分卡发展到重视战略和经营活动。

2001 年：Neely A.D.、Adams C. 和 Kennerley 提出绩效棱镜的概念。绩效棱镜的内容包括五个方面，即利益关系人的满意度、战略、流程、能力、利益关系人的贡献。公司会根据这五个方面的排列顺序来选择评估指标。

如今，关键业绩指标（KPI）和目标管理（MBO）常被用于绩效管理当中。

二、绩效管理在中国的运行情况

本书通过问卷调查的方法研究绩效管理在中国的运行情况。此次问卷调查共收到 301 份问卷，约 150 家来自不同行业企业的三类人员参加。参与企业和人员基本情况如图 4-1~图 4-4 所示。

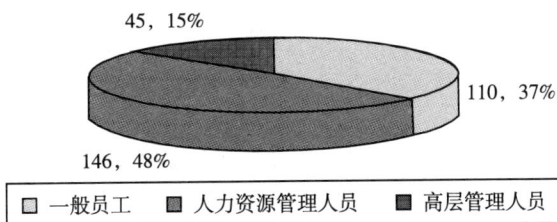

图 4-1　接受访问的三类人员

本次调查结果表明，国内企业的绩效管理体系建设还处于初级阶段，具体表现为：

（一）大部分被调查企业对绩效管理的认识不够

从绩效管理的目的来看，75.9%的被调查企业认为"薪酬与绩效结合起来"是薪酬管理的主要目的，有 28.90%的被调查企业认为绩效管理的目的是"确定

（家）

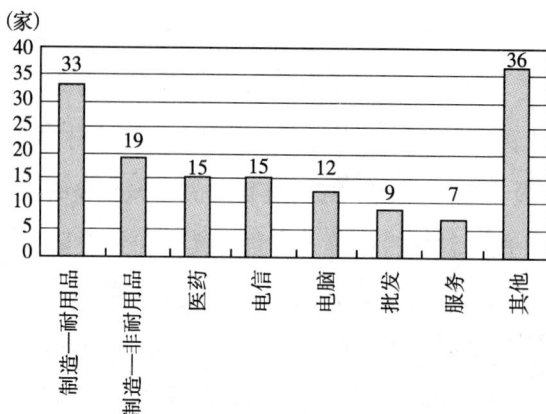

图 4-2　接受调查的公司所属行业

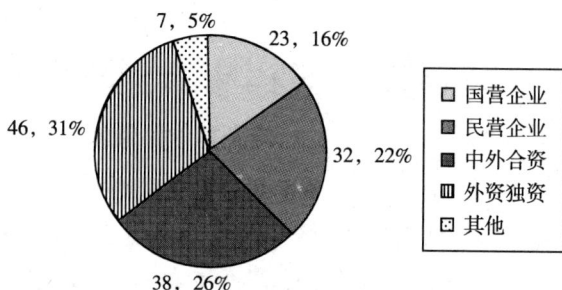

图 4-3　接受调查企业的性质

（家）

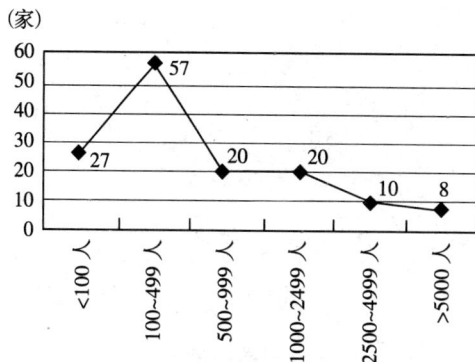

图 4-4　接受调查企业的规模

每个员工的绩效目标"，只有 19.30% 的被调查企业把"改变企业的组织文化"视为绩效管理的目的之一。

从绩效管理制度的制定来看，只有 59.30% 被调查企业的"中层管理者"参与了绩效管理制度的制定，只有 16.50% 被调查企业的"一般员工"参与了绩效管理制度的制定。

从绩效管理制度所起到的主要作用来看，调查结果表明：绩效管理在"传递企业战略"方面并没有发挥很大的作用。在"推动员工工作业绩的提升"方面也没有发挥很大的作用。

以上各个方面的调查数据都表明，不管从"绩效管理的目的"，还是从"绩效管理制度的制定"，或者从"绩效管理制定所起的作用"的角度来看，国内企业关于绩效管理的定位还存在很大的差距。

（二）大部分被调查企业的绩效管理体系尚未完善

调查结果表明，有46.78%的被调查企业的高层没有正式的、书面的绩效计划，40%的被调查企业的中层管理者没有正式的、书面的绩效计划，53.10%的被调查企业的普通员工没有正式的书面的、绩效计划。

调查结果表明，有73.11%的被调查企业的高层没有正式的、书面的培训发展计划，71.08%的被调查企业的中层管理者没有正式的、书面的培训发展计划，78.27%的被调查企业的普通员工没有正式的、书面的培训发展计划。

调查结果表明，有46.40%的被调查企业"管理人员制定，员工在形式上参与，但是不起真正作用"。

调查结果表明，有19.40%的被调查企业虽然有绩效考核委员会，但是并没有发挥作用，有15.70%的被调查企业没有绩效考核委员会，但是打算建立，还有44.70%的被调查企业没有绩效考核委员会，也没有建立的打算。

调查结果表明，有63.50%的被调查企业根本就没有对任何高层管理人员进行过如何进行绩效考核的培训，61.70%的被调查企业根本就没有对任何中层管理者进行过如何进行绩效考核的培训，40.60%的被调查企业对"在绩效考核后，要求管理人员与员工就绩效考核的结果进行面谈"没有正式的要求。

以上各个方面的数据都表明，国内企业的人力资源管理体系还不完善，在执行的过程中还经常出现各种各样的纰漏，国内企业还需要花大力气来完善现有的绩效管理体系。

（三）大部分被调查企业对绩效管理的满意度不高

很大一部分被调查企业对"绩效计划的制定/目标设定"并不是很满意，有45.50%的被调查企业认为"一般"，有17.30%的被调查企业认为"不是很满意"，有10.40%的被调查企业认为"非常不满意"。

很大一部分被调查企业对"绩效考核的过程"并不是很满意，有49.50%的被调查企业认为"一般"，有21.70%的被调查企业认为"不是很满意"，有9.40%的被调查企业认为"非常不满意"。

很大一部分被调查企业对"绩效考核的方法"并不是很满意，有46.30%的被调查企业认为"一般"，有16.40%的被调查企业认为"不是很满意"，有8.00%的被调查企业认为"非常不满意"。

绝大部分被调查企业对"绩效考核结果的运用"并不是很满意，有36.90%的被调查企业认为"一般"，有24.80%的被调查企业认为"不是很满意"，有12.80%的被调查企业认为"非常不满意"。

绝大部分被调查企业对"绩效考核的实施效果"并不是很满意，有45.20%的被调查企业认为"一般"，有25.40%的被调查企业认为"不是很满意"，有13.10%的被调查企业认为"非常不满意"。

绝大部分被调查企业对"绩效辅导/反馈"并不是很满意，有40.20%的被调查企业认为"一般"，有28.30%的被调查企业认为"不是很满意"，有17.70%的被调查企业认为"非常不满意"。

绝大部分被调查企业对"培训发展计划的制定"并不是很满意，有29.80%的被调查企业认为"一般"，有35.40%的被调查企业认为"不是很满意"，有20.80%的被调查企业认为"非常不满意"。

以上各个方面的数据都表明，很大一部分被调查企业对绩效管理体系的满意度不高。国内企业有必要去分析造成这种现状的原因，并采取行之有效的方法与措施来提高绩效管理体系的满意度。

综观上述情况，对于想成功的经理人来说，成功掌握绩效管理是必不可少的。

三、什么是企业绩效管理

（一）企业绩效管理的六大步骤

1. 什么是企业绩效

企业绩效管理是用于监控和管理企业绩效的方法、准则、过程和系统的整体组合，是整个企业运营的单一视图。它涉及企业商务规划、运营管理、财务管理和绩效管理，由平衡计分卡、商务分析、财务预算和财务报告、竞争优势分析、企业内部的流程、网上大学等组成，以整体一致的形式表现出来。不要误认为企业绩效管理仅是进行KPI指标考核，仅是人力资源管理关心的问题。

2. 企业绩效管理的六大步骤

企业绩效管理包括六个过程：建立目标、商务建模、企业规划、实施监控、例外分析、内外报告。其实，做很多事情都不外乎这六个过程，如在项目管理、营销规划、市场策划等活动中都是一样。不同的是，在不同的活动中各个过程的重要性、侧重点和内容大小不同。下面就具体介绍这六个过程。

（二）企业绩效管理的过程

1. 建立目标

建立目标时，应该按照下面的步骤进行：

（1）市场分析、竞争对手研究、现存资源，制定策略、使命和愿景。

（2）进行SWOT分析，制定实现战略的基本因素。

（3）通过前几年的运营状况，定义本企业短期（明年）计划和长期规划。

（4）定义目标，模拟各种不同的情景，建立理想的、切实可行的目标。

（5）研究绩效的度量，形成关键绩效指标（KPI）。

（6）协调各个部门的资源，保证各个部门的步调一致。

（7）调整整体方案，保证绩效的切实可行性。

2. 商务建模

（1）商务建模的重要性。在建立了企业的目标之后，需要进行商务建模，这一过程非常重要，必须引起注意。商务建模是指企业为了达到目标，在现有的条件下，到底采用什么样的经营模式来经营企业，以生产型为主还是以营销型为主，产品如何定位，营销渠道如何建立，组织结构如何设置以及建立起这样的经营模式需要多少投资，需要哪些资源，投资回报期是多长，投资回报率是多大等。简单地说，商务建模就是根据企业和市场的实际情况，选择适当的经营模式来实现目标。但实际的情况是，很多企业在运营的过程中已经陷入困境，却还在按照以前的模式走老路、不创新、不学习。所以，企业经营模式的改变和调整是每个老总都应该认真考虑的问题。

案例

从前，有一个炮兵连，每次打炮的时候，在炮的右前方都站着一个人，可是那个人只是站在那里，什么作用也没有。这样的情况延续了很多年，没人知道为什么打炮的时候要有个人站在那儿。直到有一天，上级领导视察工作，问了一个问题：那个人站那儿干什么？炮兵连的连长突然意识到：对啊，那个人站那儿干什么呢？于是他回去做了一番调查，才发现，在很早以前，炮是放在用马拉的车上，前面需要有一个人牵着马，防止打炮的时候把马惊了。可是当这个炮兵连已经换成机械装置时，在这个位置上，仍然还站着一个人。

表4-1列出了三家企业独特而又有效的经营模式，这些模式是企业为适应市场、降低成本、方便客户而产生的，这些模式也为企业获取了丰厚的利润。所以对企业来说，不能在老的模式下故步自封，必须学会变革、创新，学会使用商务建模。

表 4-1　部分企业独特的经营模式

企业	营销模式
安利	直销模式，大大降低了管理、物流、仓库的耗费，降低了营销成本，大幅提高盈利
戴尔电脑	网上直销，无呆账坏账
某制药企业	会员制销售模式，采用对会员打折的方式吸引需要长期治疗的慢性病患者，以赢得长期客户

（2）商务建模的步骤。企业进行商务建模时，可以按照下面的步骤进行：①确定在现有条件下，达到目标所需要的资源以及如何优化资源。②建立基于资源约束条件下的优化过程模型。③提供强大的决策效果分析，模拟和验证战略规划、预算和假设条件。④支持战略规划的迭代"What-if"情景分析测试。⑤为成本和效益度量提供基础和深入的商务模型。⑥建立效益管理，具备先进的价值管理手段。⑦战略成本管理，能够完整地应用集成管理方法。

3. 企业规划

规划就是把企业的战略目标数字化。但有效的规划不止于此，还应该包括实现规划的方法和步骤，再把企业的战略目标层层分解到各个部门，使每个部门明确自己的职责和分工，最后将部门的目标和任务分解到每个员工身上，层层落实。

（1）企业规划方法。目前，在国内最常见的做规划的方式有三种，这三种方式在企业不同的发展阶段、不同的状态下都能发挥作用。①拍脑袋的方法：常见于企业发展的初级阶段。由高层领导人突发奇想，或是根据自己的判断做出规划。②在前一年度财务数据的基础上提高若干个百分比，再根据市场行情做适当的调整。该法适用于企业发展达到一定规模的时候。③根据过去几年的财务数据，进行回归分析和时间序列分析，再以求得的数据为基准进行市场分析，做相应的调整。这是最复杂也是最科学的规划方法。

（2）企业规划的步骤。①通过前几年的财务报表，考虑整体增加几个百分比的前提下（或者通过多元回归方法），制定出第二年的预算（按活动、按产品、按项目、按部门）。②利用 ABM/ABC 方法，将目标按分企业、分部门分解。③产生整体商务和每个分企业、每个部门及个人的计分卡模型。④互相沟通，建立策略，明确各个部门的责任。⑤整个企业的规划，各个部门的介入。⑥"自上而下"（W式的预算模式）和"自下而上"（M式的预算模式）的财务预算方案，建立自动的预算流程管理。⑦实现任何运营计划应用的优化。⑧建立各个部门的商务规则、自动分配功能和建模功能。

4. 实施监控

监控对于一个企业非常重要，因为事先做好的规划和预算往往不能适应市场和环境的突发性变化。要想使规划和预算真正发挥作用，就必须对它们进行适当的调整以适应变化的环境，也就是说必须做好监督与控制。监控是过程管理，其松紧程度与规划和预算的好坏有关。

（1）监控的主要环节。①实时预算监控，当某个项目、某个部门或者某个活动超预算时，系统会自动预警。②每个季度、每个月或者实时进行预算与实际数据的对比，及时发现问题。③实际的发生额和预算有一定差距时，特别是对大的固定资产采购超预算时，系统可以采取三种方案进行处理。④实时进行环比、同比分析，发现问题，及时预警。

（2）监控的模式。目前，常见的监控模式有三种，这三种模式在不同的企业里都有运用。①严格监控。举一个简单的例子，如在企业原有的规划预算里，第一季度招两个人，第二季度招一个人，那么在预算里就应该有为三个员工配备电脑的预算，以及他们工资福利的预算。假定，预算里规定每个人购买电脑的支出是18000元，但由于某种原因，新来的员工提出购买19000元的电脑，这时应该怎么办？按照严格监控模式，对于确定的预算必须严格执行，没有例外，所以这样的申请是不能被批准的。②指标监控。这是一种比较人性化的模式，在这一模式下，每一个级别的管理人员都有一定的权限、一定的预算，可以在这个预算的基础上浮动，但是不能超过一定的百分比。这种方式在国内用的比较多。③超预算。这种监控模式在大部分民营企业、国有企业都有使用。它的基本思想是为了把该做的事情做好，即使超出了预算也要先批准、先执行。但是与之配套的，需要有一个预警机制来提醒管理人员是否已经超支。

5. 例外分析

通过监控可以发现企业存在的问题。分析问题，找出原因，及时解决问题才是关键。分析的步骤如下：①通过监控发现问题和预警提示，层层剖析，发现问题的具体根源。②快速建立商务绩效管理的多维展示平台。③将分析的结果，及时提交给有关领导做决策之用。④把整体的商务智能共享到多个信息源上。

6. 内外报告

（1）将各个部门、各个分企业、各个项目、各个活动的结果进行汇总，产生资产负债表、现金流量表、损益表。

（2）产生企业内部的各种报表，产生符合法律、法规要求的各种报表。

（3）支持跨企业的整体灵活应用。

以上介绍的六个过程是一个闭合回路，如图 4-5 所示。从建立战略目标开始，然后是企业的商务建模，有了商务建模之后就要做企业的规划和预算，还要实施过程管理，做好内部的监控，以便及时发现问题进行分析，做完分析后得到内部和外部报告，再通过报告去调整企业的战略目标，这就形成了一个周而复始的过程。

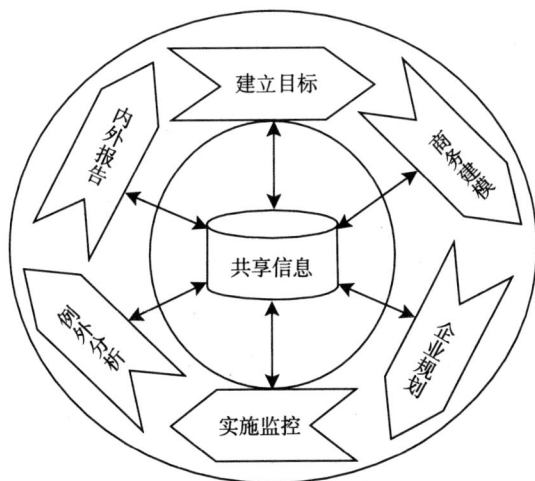

图 4-5　企业绩效管理过程

（三）企业绩效管理的层次

企业绩效管理可以分为六个过程，这六个过程又可以归纳为三个层次，即策略层、管理层和操作层，如图 4-6 所示。

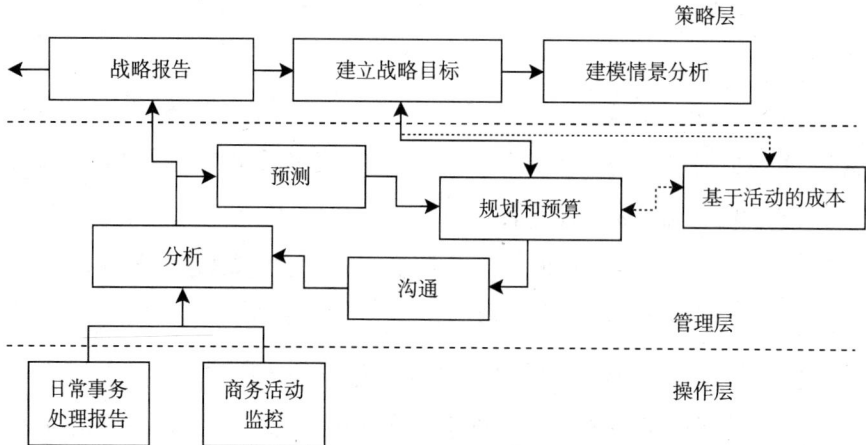

图 4-6 企业绩效管理的三个层次

资料来源：Gartner 公司。

1. 策略层

策略层主要考虑的问题是企业的战略目标是什么，企业如何建立战略目标，企业长远的目标方向是什么，以及企业用什么样的模式去经营，进行情景分析，即建立企业商务模型。

2. 管理层

管理层主要解决具体怎么做的问题，主要包括预测、规划和预算、为规划和预算达成共识的上下沟通，通过沟通再进行分析。

3. 操作层

操作层处理的是日常的商务活动，以及基于商务活动的管理和监控。

四、绩效管理的方法

（一）绩效管理的传统方法

传统的绩效评价方法主要是运用财务指标来进行评价。虽然称为传统方式，但事实上是非常重要的一种方法，而且是国内许多企业尚未采用的方法。目前，大多数财务还停留在财务会计的阶段，也就是记账的阶段，很少使用管理会计进行财务分析，所以就不能从财务的角度对决策提供支持。下面就详细介绍绩效评价的几种传统方法。

1. 沃尔评分方法

沃尔评分方法选取流动比率、净资产/负债、资产/固定资产、销售成本/存货、销售额/应收账款、销售额/固定资产、销售额/净资产七种有重要影响的财务比率，对绩效进行分析。只要确定这七种财务比率的比重和标准比率，再结合实际的财务数据，就能求出绩效的总评分，如表4-2所示。

表4-2 沃尔评分法的计算过程

财务比率	比重 ①	标准比率 ②	实际比率 ③	相对比率 ④=③÷②	评分 ⑤=①×④
流动比率	25	2.0	2.33	1.17	29.25
净资产/负债	25	1.5	0.88	0.59	14.75
资产/固定资产	15	2.5	3.33	1.33	19.95
销售成本/存货	10	8	12	1.50	15.00
销售额/应收账款	10	6	10	1.70	17.00
销售额/固定资产	10	4	2.66	0.67	6.70
销售额/净资产	5	3	1.63	0.54	2.75
合计	100				105.4

需要注意的是，表4-2中给出的标准比率实际上是一个平均的标准比率，对于不同的行业，标准比率是不一样的，可以从一些统计报告、行业报告中获得，

或者向一些专业机构购买。实际比率可以根据的财务报告来计算，相对比率就等于实际比率与标准比率之比。相对比率与比重之积就是该项指标的得分，所有指标的分数之和就是绩效考核的得分。

2. 雷达图评价法

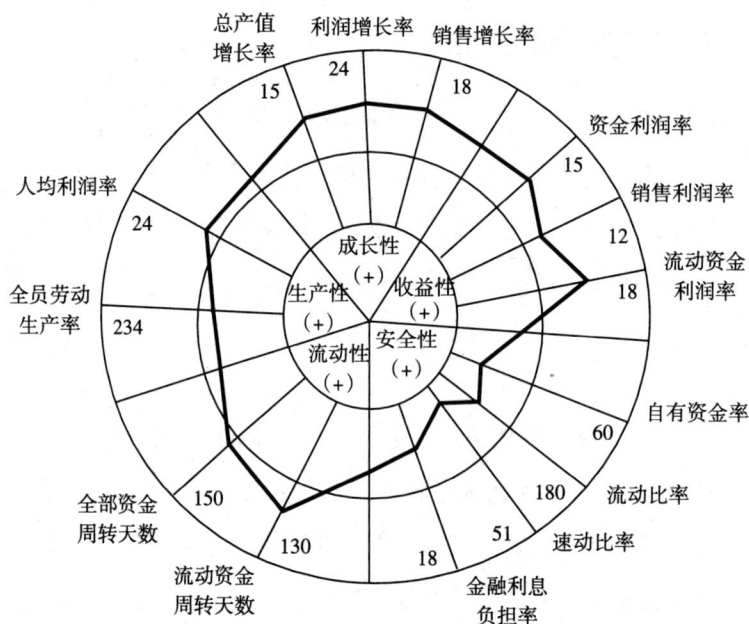

图 4-7　雷达图评价法

（1）雷达图制作。按照雷达图评价法的思想，大部分的都包含五个重要的指标：企业的成长性、企业的收益性、企业的安全性、企业的流动性和企业的生产性，通过对这五种指标的分析，可以考核企业的绩效。

在图 4-7 上有三个圆圈，中间的圆圈代表的是标准值，即行业标准值。如果无法取得行业标准值，可以把竞争对手的数据拿来统计，用平均值作为标准值。若竞争对手的数据也无法获得，那么可以考虑用本企业最近几年数据的平均值，近似替代标准值。需要注意的是，标准值是相对比率，不是绝对值。中间最小的圆圈是标准值的 1/2，而最外边的圆圈是标准值的 3/2，所以雷达图是将一个圆半径三等分形成了三个同心圆。

（2）雷达图分析。企业可以根据自己的实际状况将各项财务指标在半径上标出来，然后再把各点连线就形成了图上的深色曲线，这也就是企业的发展状况。对于企业来说，理想的发展态势应该是在标准值的 1/2 和标准值的 3/2 这个区域里，如果连出的曲线小于标准值的 1/2 或者大于标准值的 3/2，那就说明企业的发展存在一定的问题。就图 4-7 反映的情况来看，该企业安全性的几个指标都落在标准值以内。

对于雷达图评价法所分析的五个指标来说，都是可正可负的。如果全部为正，这样的企业就是稳定理想型的企业，在这种情形下，企业可以采取扩张型的经营策略。对于保守型的企业，虽然收益性、安全性和流动性都不错，但是生产性和成长性指标却为负，说明企业缺乏对生产、研发等的投入，这样的企业必须加大投入，否则前面的指标很难继续保持。而对于指标全部为负的企业，是几乎接近倒闭的企业，要么就得彻底转型，要么就只能倒闭。其他还有五种类型的企业如表 4-3 所示。

表 4-3　雷达图评价法得出企业类型

收益性	安全性	流动性	生产性	成长性	企业类型
（+）	（+）	（+）	（+）	（+）	稳定理想型
（+）	（+）	（+）	（-）	（-）	保守型
（+）	（-）	（+）	（+）	（+）	成长型
（+）	（-）	（+）	（+）	（-）	特殊型
（-）	（+）	（-）	（+）	（+）	积极扩大型
（-）	（+）	（-）	（-）	（-）	消极安全型
（-）	（-）	（-）	（+）	（+）	活动型
（-）	（-）	（-）	（-）	（-）	均衡缩小型

3. 杜邦分析评价法

杜邦分析评价法具有广泛的适用性，可以用于各种财务比率的分解，即便行业不同、企业不同、所关心的指标不同，也都可以使用。而且，计算所需的财务数据也容易获得，因此该法常常获得专业人士的青睐。静态的杜邦分析法是对历史数据的分析，而动态的杜邦分析法可以用来做预测，进行整个任务的分派。

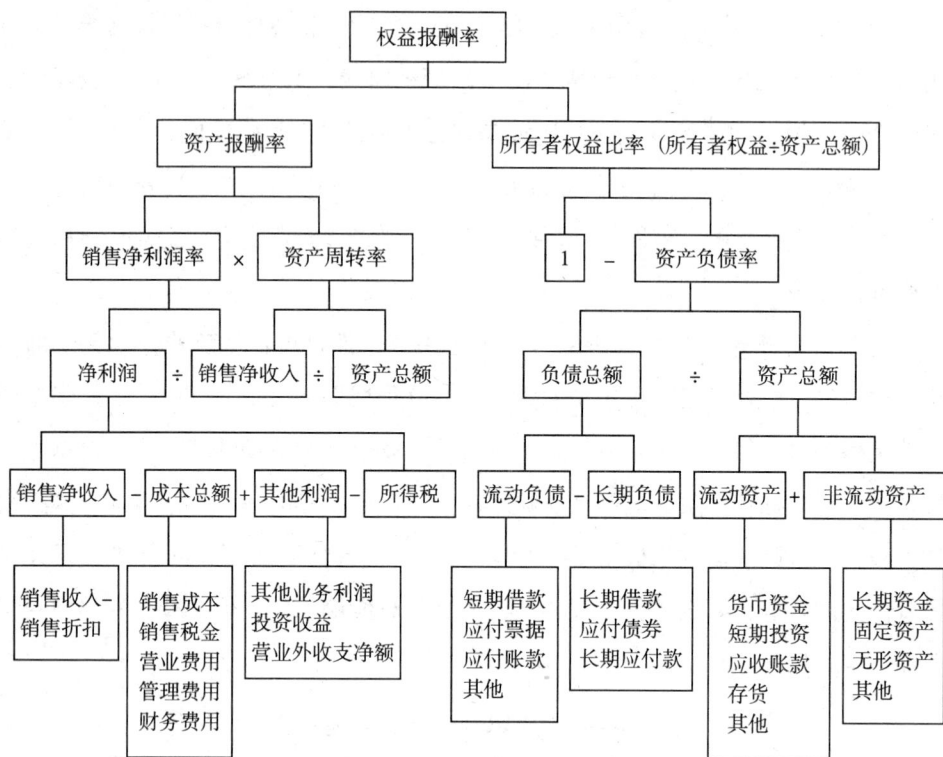

图4-8　杜邦分析法的财务比率分解

通过图4-8我们可以知道企业最关心的是哪些指标，各项指标如何计算。例如，销售净收入就等于销售的收入减去销售折扣；成本总额则由销售的税金、营业的费用、管理的费用、财务的费用等组成；净利润就是由销售净收入加其他利润减去成本总额再减去所得税形成的。可见，各项指标都可以分解成最基本的财务数据。

4. 相对值指标绩效评价法——财务比率诊断表

相对值指标绩效评价法是将评价企业绩效的财务指标列入一张表，如表4-4所示，表中有规定好的判断标准，即将企业的财务状况划分为健全、良好和一般三类。根据企业的基本财务数据，按照表中列出的公式，直接计算出各项指标的实际值，再对照判断标准，就可以评价企业财务状况的好坏，然后采取相应的改善措施。

表 4-4　财务比率诊断表

比率名称	计算公式	判断标准（%）		
		健全	良好	一般
销售利润率	销售利润/总销售额	>30	20~30	10~20
销售营业利润率	营业利润/总销售额	>15	10~15	5~10
销售经常利润率	经常利润/总销售额	>6	3~6	<3
当期销售纯利润率	当期销售纯利润/总销售额	>7	4~7	1~4
自有资本经常利润率	经常利润/自有资本平均数	>30	20~30	<20
资本金经常利润率	经常利润/资本金平均数			
销售收入利息率	支付利息/销售收入			
总资本周转率	总销售额/总资本平均数	>2	1.5~2	1~1.5
经营资本周转率	总销售额/经营资本平均数		1.8~2.5	
库存资产周转率	总销售额/库存资本平均数	>15	10~15	5~10
销售债权周转率	总销售额/应付债务平均数	>5	4~5	3.4~4
销售债权与应付债务比率	销售债权平均数/应付债权平均数			
固定长期适应率	固定资产平均数/（固定负债+自有资本+特别准备金）的平均数	<60	60~70	70~80
自有资本构成比率	自有资本平均数/总资本平均数	>30	20~30	10~20
流动比率	流动资产平均数/流动负债平均数	>170	120~170	70~120
速动比率	速动资产/流动负债	>140	90~140	40~90

注：当期利润是指企业有权处理的利润，销售债权包括应收货款、应收票据，应付债权包括应付货款和应付票据，涉及平均数的是指期初和期末的平均数。

需要说明的是，以上介绍的每种评价方法都有其优缺点，在选择绩效评价方法的时候可以综合使用，也可以有针对性地选择适合本企业的方法。

对于企业的老总来说，考察企业的好坏不能只研究资产负债表、损益表和现金流量表。对于企业绩效的考核必须研究每一个部门的情况，而且每一个部门也都应该重视本部门的考核，计算本部门的成本、利润等相关指标，这样才能促使企业在整体上获得提升。所以，这些绩效考核的方法对我国企业是非常重要的，需要大力推广。

（二）绩效管理的现代方法

前面我们已经提到，虽然利用财务指标评估企业绩效非常重要，但是并不全面。因为所有的财务指标都属于滞后指标或者说是结果指标，如利润、成本、销售收入、市场份额等，它们都是由过去行为产生的结果，只能衡量企业过去的绩效而不能说明企业的未来。所以，绩效评估不能仅从财务角度去考虑，还应该从"因果"关系的角度去分析，掌握其高低好坏的原因。目前，比较常见的绩效评价的现代方法有 6σ 法、EVA 法、平衡计分卡、MBO 法和 KPI 法等。

1. 6σ 法

所谓 6σ，是从顾客的角度出发，寻找决定品质的关键因素，采用科学的方法，实现 100 万个产品中只有 3~4 个次品的完美品质。它通过统计的方法来衡量流程中的不足：1σ 是百分之三，2σ 是千分之三，6σ 是一千万分之三。所以 6σ 代表了接近完美的品质，次品非常少。σ 是一个希腊字符，在统计学中代表"标准差"。在商业活动中，它代表流程与完美的差距。

2. EVA 法

EVA 是指经济附加值，简单地说它是税后净营运利润减去投入资本的机会成本后的所得。它是一个经济利润而非传统会计利润。其最主要的特征就是注重资本费用，因为管理人员在使用资本的时候，必须支付一定的费用，如利息。由于考虑了包括权益资本在内的所有资本的成本，它能更好地体现企业在某个时期创造的财富价值量。目前，EVA 是衡量业绩最准确的尺度。人们为了更好地阐释 EVA 体系，常常用 4 个指标来归纳其内涵，它们分别是评价指标、管理体系、激励制度和理念体系。但是由于该法的计算过程非常复杂，机会成本等指标的估计又带有很强的主观色彩，所以有一定的局限性。

3. 平衡计分卡

（1）平衡计分卡的四大指标。平衡计分卡从四个方面综合衡量企业的绩效，这四个方面形成了四个指标：财务指标、客户满意度指标、企业内部流程指标、企业的学习和创新指标。后三个指标是从非财务的角度提出的，可以更全面地考察企业的绩效。这种方法使企业一方面能追踪财务结果，另一方面还能监视自己在提高竞争力、获得企业增长所需的各种无形资产等方面的进展。平衡计分卡的四大指标也是企业绩效管理的四大指标，如图 4-9 所示。

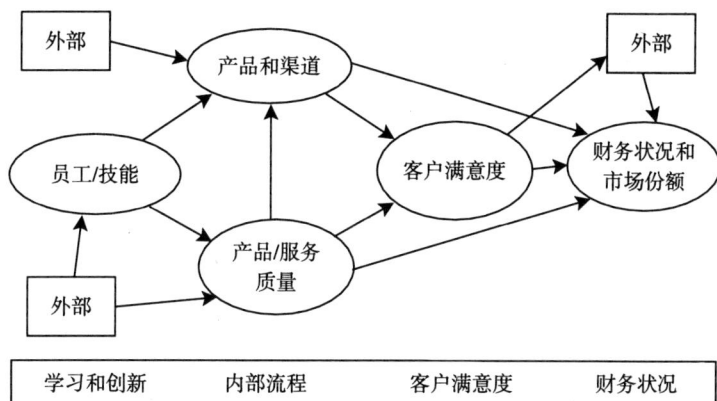

图 4-9　平衡计分卡四大指标关系

需要强调的是，这四大指标对于企业来说都非常重要，仅靠一种指标的提升来求得企业的发展是绝对不行的。例如，要想在市场上站稳脚跟，仅抓产品质量远远不够，企业生产出的产品还必须适销对路，有发达的营销网络、良好的售后服务等。平衡计分卡与全面质量管理、6σ 等其他的质量管理方法相比，是站在更高、更宏观的角度去看问题，更注重整个企业的全面管理，所以受到更多管理人员的欢迎。

（2）平衡计分卡四大指标间的联系。企业存在的理由就是为了盈利、提高市场占有率。但是，怎样才能达到这一目标呢？只要能抓住客户，让客户满意，为企业树立良好的口碑、品牌，提高客户的忠诚度，就能使企业变成百年老店，有长远的发展。但是要真真正正做到让客户满意，产品的质量、服务、渠道，包括和企业相关联的各项配套措施都必须做好。要想做好这些，必须提高员工的技术水平、服务意识。所以四大指标是一个相互作用的体系，是一个完整的因果关系链条。

案例

前段时间，有个朋友买了一部手机，可没用几天，座式充电器就坏了。他赶紧跑到知春路的维修网点去修理，结果售后人员说："很抱歉，这是你自己损坏的，要自己掏钱购买。"可是朋友自己为什么要损坏它呢？但是没办法，既然说是自己的责任，那就再买个新的吧。可是对不起，没货。要买得去亚运村北辰对面的售后服务部。好吧，朋友只好赶到北辰，工作人员一看也说，是个人损坏的，要自己掏钱买。可买了个新的一看，新座充既没有盒也没有线，而且售后人员服务态度也非常不好。朋友心里还真有点火。结果没过两周，新座充又坏了。朋友再找售后服务人员，结果人家又说是自己弄坏的。朋友实在不想再跑来跑去，就说："你们给我送一个来，路费我掏了行不行？"答复是："不行，我们没有这个业务。"最后朋友很生气，把他们的电话录音存到电脑里，走到哪里都带着。后来还直接打电话到企业的总部，得到的答复是："很抱歉，我们企业的这项服务已经外包了，座充也不是自己生产的，所以实在是无能为力。"

对消费者来说，不管是什么理由，只要影响了产品的正常使用，那都不行。虽然充电器和售后服务已经外包给其他企业，但是它们都是与企业相关联的配套服务机构，出现这样的事情一定会影响到企业的形象和品牌。案例中的消费者以后不但不会再购买该企业的产品，而且走到哪里，都会有负面的宣传效应，使企业受损。

（3）平衡计分卡的平衡。我们已经知道平衡计分卡有四大指标，但是哪个指标更重要，更需要强调？平衡计分卡能够反映财务和非财务衡量方法之间的平衡，长期目标和短期目标之间的平衡，外部和内部的平衡，结果和过程的平衡，管理业绩和经营业绩的平衡等多个方面：①短期和长期目标之间的平衡。②不同商务考察面的平衡（财务和非财务度量）。③企业内部和外部理解的平衡。④过去、现在和未来度量的平衡。⑤同点同时度量变化和度量绩效的平衡。⑥主要股东之间的平衡。⑦结果度量和绩效驱动的平衡。⑧次要指标和主要指标的平衡。⑨风险和绩效的平衡。

平衡计分卡是一个管理系统（并非仅是一个考核指标），它使组织能够清晰地规划远景和战略，并落实成具体的行动计划。它能为内部业务流程和外部客户提供及时的反馈，并持续改进企业的战略绩效，使绩效评估趋于平衡和完善，有利于组织的长期发展。

4. MBO 法

有个古老的故事：有人问三个石匠在做什么，第一个说"我在混口饭吃"；第二个说"我在做全国最好的石匠活"；第三个说"我在建造一所大教堂"。三个人的目标不同，最后的结果肯定是不同的，并且成就也不同。

目标管理源于美国管理专家杜拉克，他在 1954 年出版的《管理的实践》一书中首先提出了"目标管理和自我控制的主张"，认为"企业的目的和任务必须转化为目标，企业如果无总目标及与总目标相一致的分目标来指导职工的生产和管理活动，则企业规模越大，人员越多，发生内耗和浪费的可能性越大"。概括来说即让企业的管理人员和工人亲自参加工作目标的制定，在工作中实行"自我控制"，并努力完成工作目标的一种管理制度，其原则是：

（1）企业的目的和任务必须转化为目标，并且要由单一目标评价，变为多目标评价。

（2）必须为企业各级各类人员和部门规定目标。如果一项工作没有特定的目标，这项工作就做不好。

（3）目标管理的对象要包括从领导者到工人的所有人员，大家都要被"目标"所管理。

（4）实现目标与考核标准一体化，即按实现目标的程度实施考核，由此决定升降奖惩和工资的高低。

（5）强调发挥各类人员的创造性和积极性。每个人都要积极参与目标的制定展开和实施。领导者应允许下级根据企业的总目标设立自己参与制定的目标，以满足"自我成就"的要求。

（6）任何分目标都不能离开企业总目标而自行其是。在企业规模扩大和分成新的部门时，不同部门有可能片面追求各自部门的目标，而这些目标未必有助于实现用户需要的总目标。企业总目标往往是摆好各种目标的位置，实现综合平衡的结果。

5. KPI 法

KPI 即关键绩效指标（Key Performance Indicator or Index），它是通过组织内部流程的输入端、输出端的关键参数进行设置、取样、计算、分析，衡量流程绩效的一种目标式的量化管理指标，是把企业的战略目标分解为可操作的工作目标的工具。关键绩效指标是吸取了系统论的思想，它是一种流程性、系统性和计划性绩效管理方式。关键绩效指标的建立有其自身的特点，下面我们从关键绩效指标的制定过程中来看它的特征：

（1）纵向分解。关键绩效指标将岗位、部门职能与企业愿景、战略相连接，既有团队指标，也有个人指标。自上而下，目标层层分解，层层承诺，相互具有因果关系。

（2）横向联系。保证员工、部门的绩效与内部其他单元、外部客户的价值相连接，共同为实现客户的价值服务，最终保证企业整体价值的实现。

（3）整体考虑。关键绩效指标的设计是基于企业的发展战略与业务流程的通盘考虑，而非仅从单个岗位的职责出发。兼顾长期和短期的指标，既有数量型也有质量型的指标，既有结果性指标也有过程性指标。

以 KPI 为基础的业绩考核体系流程如图 4-10 所示：

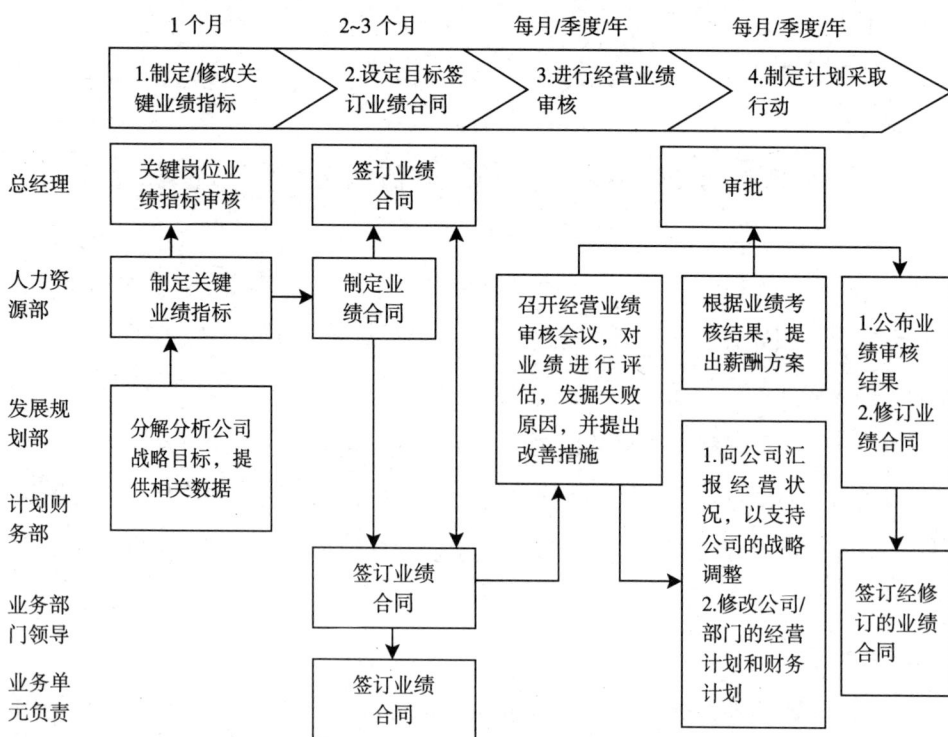

图 4-10　业绩考核体系流程

第五章　持续改进　提升绩效

我们宣布讲究实绩、注重实效，却往往奖励了那些专会做表面文章、投机取巧的人。

——契尔·拉伯福

案例

2013 年 6 月 25 日，某公司职业经理人王某拜访了一个特别客户，这个客户由于该公司的服务不好而发誓不再与该公司合作。王某拜访以后，该客户答应再试一试该公司的产品。

8 月 12 日，王某在与该客户签订协议时，未经请示就将该客户的预付款从 30%降到 20%，并将最后一笔款项支付日期从当日延长至一周。该产品的安装工程师发现了这个问题，安装工程师在安装后强行要求该客户支付最后该笔款项，但是这件事情惹恼了该客户，该客户彻底与该公司决裂。同时，由于客户的流失，涉及了 3 个部门和 5 个经理，加大了公司的管理成本和机会成本。

该案例中，王某具有工作的主动性，这一点值得肯定，但是缺乏工作的规范性导致了绩效下降。案例表明，持续改进、提升绩效是有必要的。

一、设立有效的绩效考核指标

绩效考核指标是进行绩效考核的基本要素，制定有效的绩效考核指标是绩效考核取得成功的保证，因此也成为建立绩效考核体系的中心环节，同时成为企业主管经理们最关注的问题。如何确定绩效考核指标，以下给出了相应思路：

（1）工作分析（岗位分析）。根据考核目的，对被考核对象的岗位的工作内容、性质以及完成这些工作所具备的条件等进行研究和分析，从而了解被考核者在该岗位工作所应达到的目标、采取的工作方式等，初步确定绩效考核的各项要素。

（2）工作流程分析。绩效考核指标必须从流程中去把握，如图 5-1 所示。根据被考核对象在流程中扮演的角色、责任以及同上游、下游之间的关系，来确定其衡量工作的绩效指标。此外，如果流程存在问题，还应对流程进行优化或重组。

（3）绩效特征分析。可以使用图标标出各指标要素的绩效特征，按需要考核程度分档，如可以按照非考核不可、非常需要考核、需要考核、需要考核程度低、几乎不需要考核五档对上述指标要素进行评估，然后根据少而精的原则按照不同的权重进行选取。

（4）理论验证。依据绩效考核的基本原理与原则，对所设计的绩效考核要素指标进行验证，保证其能有效可靠地反映被考核对象的绩效特征和考核目的要求。

（5）要素调查，确定指标。根据上述步骤所初步确定的要素，可以运用多种灵活方法进行要素调查，最后确定绩效考核指标体系。在进行要素调查和指标体系的确定时，往往将几种方法结合起来使用，使指标体系更加准确、完善、可靠。

（6）修订。为了使确定好的指标更趋合理，还应对其进行修订。修订分为两种：一种是考核前修订。通过专家调查法，将所确定的考核指标提交领导、专家会议及咨询顾问，征求意见，修改、补充、完善绩效考核指标体系。另一种是考核后修订。根据考核及考核结果应用之后的效果等情况进行修订，使考核指标体系更加理想和完善。

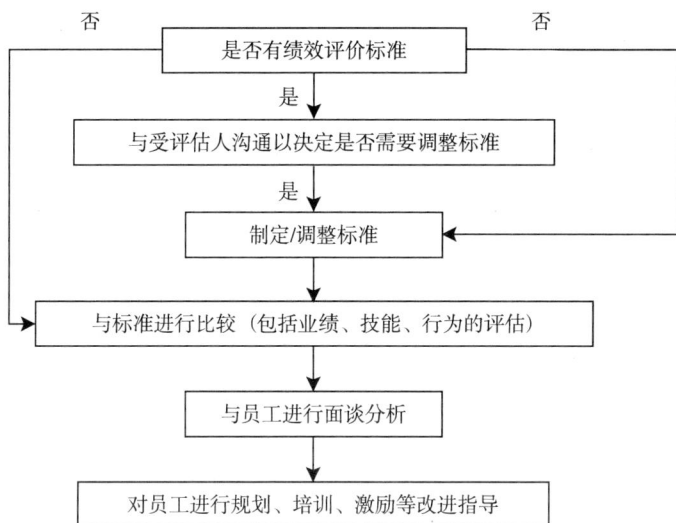

否　　　　　　　　　　　　　　　　　　　　　否

```
┌──────────────────────────┐
│     是否有绩效评价标准        │
└──────────────────────────┘
              │ 是
              ▼
┌──────────────────────────┐
│ 与受评估人沟通以决定是否需要调整标准 │
└──────────────────────────┘
              │ 是
              ▼
┌──────────────────────────┐
│      制定/调整标准           │
└──────────────────────────┘
              │
              ▼
┌────────────────────────────────────┐
│ 与标准进行比较（包括业绩、技能、行为的评估）│
└────────────────────────────────────┘
              │
              ▼
┌──────────────────────────┐
│     与员工进行面谈分析        │
└──────────────────────────┘
              │
              ▼
┌──────────────────────────────┐
│ 对员工进行规划、培训、激励等改进指导 │
└──────────────────────────────┘
```

图 5-1　绩效考核流程

二、选取经典实用的绩效考核工具

（一）SWOT 分析法

Strengths：优势；

Weaknesses：劣势；

Opportunities：机会；

Threats：威胁。

意义：帮您清晰地把握全局，分析自己在资源方面的优势与劣势，把握环境提供的机会，防范可能存在的风险与威胁，对我们的成功有非常重要的意义。

（二）PDCA 循环规则

Plan：制定目标与计划；

Do：任务展开，组织实施；

Check：对过程中的关键点和最终结果进行检查；

Action：纠正偏差，对成果进行标准化，并确定新的目标，制定下一轮计划。

意义：每一项工作，都是一个 PDCA 循环，都需要计划、实施、检查结果，并进一步改进，同时进入下一个循环，只有在日积月累的渐进改善中，才可能会有质的飞跃，才可能完善每一项工作，从而完善自己的人生。

（三）5W2H 法

What：工作的内容和达成的目标；

Why：做这项工作的原因；

Who：参加这项工作的具体人员，以及负责人；

When：在什么时间、什么时间段进行工作；

Where：工作发生的地点；

How：用什么方法进行；

How Much：需要多少成本。

意义：做任何工作都应该从 5W2H 法来思考，这有助于我们的思路条理化，杜绝盲目性。我们的汇报也应该用 5W2H，能节约写报告及看报告的时间。

（四）SMART 原则

Specific：具体的；

Measurable：可测量的；

Attainable：可达到的；

Relevant：相关的；

Time Based：时间的。

意义：人们在制定工作目标或者任务目标时，考虑一下目标与计划是不是

SMART 化的。只有具备 SMART 化的计划才是具有良好可实施性的，也才能保证计划得以实现。

（五）时间管理——重要与紧迫

优先顺序 = 重要性 × 紧迫性。

在进行时间安排时，应权衡各种事情的优先顺序，如表 5-1 所示，要学会"弹钢琴"。

对工作要有前瞻能力，防患于未然，如果总是在忙于救火，那将使我们的工作永远处于被动之中。

表 5-1　重要性与紧迫性

	紧迫	不紧迫
重要	紧急状况； 迫切的问题； 限期完成的工作； 你不做其他人也不能做的事	准备工作； 预防措施； 计划； 价值观的澄清； 人际关系的建立； 真正的再创造； 提高自己的能力
不重要	造成干扰的事、电话、信件、报告、会议； 许多迫在眉睫的急事； 符合别人期望的事	忙碌琐碎的事； 广告函件； 电话； 逃避性活动； 等待时间

（六）任务分解法

WBS：任务分解法（Work Breakdown Structure）。

如何进行 WBS 分解：目标→任务→工作→活动。

WBS 分解的原则：将主体目标逐步细化分解，最底层的任务活动可直接分派给个人去完成，每个任务原则上要求分解到不能再细分为止。

WBS 分解的方法：自上而下与自下而上的充分沟通、一对一个别交流、小组讨论。

WBS 分解的标准：分解后的活动结构清晰、逻辑上形成一个大的活动、集成了所有的关键因素，包含临时的里程碑和监控点、所有活动全部定义清楚。

意义：学会分解任务，只有将任务分解得足够细，才能心里有数，才能有条不紊地工作，才能统筹安排您的时间表。

（七）二八原则

二八原则是指总结果的80%是由总消耗时间中的20%所形成的。按事情的"重要程度"编排事务优先次序的准则是建立在"重要的少数与琐碎的多数"的原理的基础上。

意义：这启示我们在工作中要善于抓主要矛盾，善于从纷繁复杂的工作中理出头绪，把资源用在最重要、最紧迫的事情上。

三、把握绩效考核的 18 个要点

实行绩效考核体制之前，应先对公司的管理层做一个调整、做一个考核，这个考核分工作态度、工作技能、工作效率、工作成绩、团队意识、沟通能力、配合能力、员工印象几方面。只有先将管理层进行考核、调整到位了，员工才会相信你的绩效考核体制，才会配合你的工作，也才会再次调动起积极性。

企业需要根据自己企业的特点建立有效的绩效考核体系，但最重要的一点是将绩效考核建立在量化的基础上，而不是模糊的主观评价上。如果企业的业务是销售性质的，则可以根据员工的销售额和销售利润来建立量化的考核体系；如果企业是生产型的，则需要根据不同的岗位所承担的不同生产任务和合格率等设计考核体系。通常情况下标准评分体系的效果并不理想（对于计件工作等容易量化的情况除外）。即使建立了标准评分表格，最终仍然要通过人来评分。建议根据工作的性质分成较小的小组，由领导部门对不同的小组进行评估，以此为基础由组长对小组成员评分。领导部门对组长充分放权，让更了解每一个小组成员的组长承担更多的责任。

一项好的考核制度一定希望达到这样的目标：被考核的人员觉得是可接受的，考核人觉得是可操作的，公司觉得是可以鼓励员工努力工作的。实际上同时达到上述目标是很难的，最常见的结果是谁都不满意，所以绩效考核做不好还不如不做。一个100多人的企业，想要建立一套考核制度一定要考虑好准备达到的目标。主管的主观判断会挫伤员工的积极性，那是他的管理水平问题，需要更多的培训。

完善的考核体系至少应包括：

（1）详细的岗位职责描述及对职工工资的合理培训。

（2）尽量将工作量化。

（3）人员岗位的合理安排。

（4）考核内容的分类。

（5）企业文化的建立，如何让人成为人"财"而非人"材"是考核前需要考虑的重要问题。

（6）明确工作目标。

（7）明确工作职责。

（8）从工作的态度（主动性、合作、团队、敬业等）、工作成果、工作效率等几个方面进行评价。

（9）给每项内容细化出一些具体的档次，每个档次对应一个分数，每个档次要给予文字的描述以统一标准（如达到优秀这个档次一定是该员工在同类员工中表现明显突出的，并且需要用具体的事例来证明）。

（10）给员工申诉的机会。

（一）从完成工作的结果出发制定绩效指标和标准

这里有一个重要的分歧，即对绩效的评估到底是针对最终的结果还是过程中的行为。由于对行为进行监控需要耗费大量的时间，而且对于到底什么样的行为是好的行为往往存在着争议，因此评估完成的工作结果要容易得多，而且对于一项工作而言什么是好的结果也比较容易取得一致的见解。所以，我们主张从完成工作的结果出发来制定绩效指标和标准。

（二）如果想将绩效与薪酬联系起来，即依据绩效评估的结果做出与薪酬有关的决策，那么必须保证绩效管理系统可靠

这里面临的是一个两难的问题。当不把绩效评估与薪酬联系在一起时，员工就不会特别注意绩效评估，这样就会有一部分员工对绩效评估没有持非常严肃认真的态度。而一旦将绩效与薪酬联系起来，绩效评估将变成一个格外敏感的问题，员工也会非常认真地对待这件事情。那么，如果绩效评估的结果不够可靠，容易引起争议的话，由此而做出的与薪酬有关的决策势必带来更大的矛盾冲突。

（三）现场的绩效管理技术指导者将有助于绩效管理计划的实施

当一套新的绩效管理系统付诸实施时，往往需要了解这一系统的技术专家深入各个部门中帮助主管人员与员工使用该系统。因为新的绩效管理系统的实施需要切合企业文化，而且管理者和员工都需要在界定那些难以衡量的工作上得到指导，同时也需要在如何进行绩效沟通方面的指导，所以现场的指导将有助于解决这些问题。

（四）不到万不得已的情形，不要直接改变绩效管理系统

直接改变绩效管理系统会带来较多的抱怨与抵触，因为使用者可能已经习惯了原有的管理方法。可以通过其他方式进行逐渐的改变。例如，可以通过培训的方式教管理者如何通过衡量员工的绩效和给予反馈来改善沟通，在培训中糅进新的管理方法。一旦主管人员认为新的管理方法有优势的时候，他们就会问人力资源专业人员这种新的方法是否能够运用到现有的绩效管理系统中。这样，绩效管理系统自然而然地就得到了转变，并且这个转变的过程不会带来震荡。

（五）为了成功地实施绩效管理，职业经理人需要一系列技能

尽管职业经理可以请绩效管理的技术专家帮助进行绩效计划、设计评估和建立反馈体系，但由于他们需要直接与下属员工进行沟通，因此至少需要一系列与人际有关的技能，如教导、激励、解释、倾听、提问、说服等。如果不具备这些基本的人际沟通技能，绩效管理就无法进行。

（六）通常让员工自己收集关于他们绩效的数据是可行的，并且也应该这样做

在绩效管理中，收集与被评估者绩效标准有关的数据是一项浩大的工程，由主管人员进行收集往往会耗费大量的时间和精力，并且数据的准确性常常会引起争议。如果让员工自己来收集与绩效标准相关的数据，一方面会节省管理人员的时间和精力，另一方面由于员工参与数据收集的过程，他们也不会怀疑数据的准确性。这样对绩效结果的反馈会更加及时，效果也更好。当然，由员工自行收集绩效数据还需要相应的监控机制，并且对作假的行为设定严厉的惩罚措施，以保证大多数员工能够诚实地提供绩效数据。

（七）组织内部的透明和公开化有助于绩效管理系统的实施

在实施绩效管理时，员工最大的担心就是自己被蒙在鼓里。因此，通过各种各样的方式向员工公开有关绩效管理的事宜十分必要。这种沟通既可以通过主管人员与员工的直接交流，也可以通过信件、内部网页、会议等各种媒体。通过这样的沟通，员工可以了解将要进行的是怎样的一件事情、为什么要做这件事情、做这件事情对自己会有什么样的影响等。

（八）自上而下地实施绩效管理系统有利于这一系统的实施，但也有一定的风险

自上而下地实施绩效管理系统也就意味着要培训公司的高层领导，使他们学会帮助下属建立绩效标准，并对下属的绩效进行评估。这样一来，作为他们下属的管理人员就会以他们的做法为榜样，按照上司的做法去建立绩效标准。按照这种自上而下的方式，绩效管理系统比较容易贯彻实施。但是，如果高层领导对绩效管理系统不够认同或者有抵触情绪，这个系统就很难向下推行。

（九）只有当绝对需要完美无缺的绩效标准时，才使用这样的标准

有些工作要求不出任何差错，如飞机驾驶，但是使用这些"零错误"的绩效标准就意味着没有了超越期望的空间，因而也就无法区分好绩效者和优异绩效者。事实上，对于大多数工作来说，"零缺点"几乎是不可能的，但是犯错误的比例可以越来越小。因此，可以首先设定一个切合实际的目标，如 70%正确率的标准，当 70%的标准达到时，再将标准提高至 75%~80%，当这个标准再一次达到时，就再一次提高标准……这种不断提高的标准比一次性设定"零错误"标准要更加实际和具有激励作用。

（十）绩效管理系统与员工的职业生涯规划紧密相连

当一个绩效管理系统忽视了员工的职业生涯规划的时候，这个绩效管理系统就不是一个完好的绩效管理系统。当一个员工不能达到期望的绩效标准的时候，他需要知道自己下一步该怎样做，如何能提高自己的绩效，他甚至会怀疑是否现在的工作不适合自己，自己是否需要改变职业发展的规划。如果一个员工绩效很好，他也许要知道自己接下去该往什么方向发展。因此，绩效管理系统有必要提供给员工职业生涯规划的一些基本成分。

（十一）员工需要在绩效管理系统中承担起积极的角色

绩效管理是主管人员和员工双方的责任。往往有人错误地认为绩效管理仅是主管人员对员工应该做的事情，员工在这一行动中完全是被动的被评估者。如果持有这样的态度，那么在具体的操作中就会表现为主管人员将设定好的绩效标准强加给员工。而员工自己在对绩效标准的设定和绩效管理过程中，能更好地实现绩效管理的目标，即使员工的绩效得到提高并使主管人员对员工的期望和员工自身的愿望得到充分的沟通。

（十二）在许多员工的心目中，绩效管理系统和薪酬系统是同样的东西

在许多员工的心目中，绩效管理永远与薪酬变化联系在一起，因此在他们看来，绩效管理与薪酬变化是同一件事情。这对我们的一个启示就是，当薪酬系统存在某种问题的时候，就会使绩效管理系统受到影响。即使绩效管理系统本身很好，员工也会感到不愉快和不满意。提高员工的工作满意度是远远不够的，还必须考虑薪酬体系的问题。但是在员工的心目中往往存在一个误区，即他们认为依据绩效付薪酬往往是指薪酬的提高；如果告诉他们当他们的绩效下降或绩效不足时，薪酬也会随之下降，他们对绩效管理就远远没有那么热衷了。

（十三）通过引入一些以客户为中心或强调团队精神的绩效指标，影响和改变组织氛围

如果在某个企业当中，强调的是个人的绩效指标而忽视团队的绩效指标，那么常常会导致组织中缺乏合作的气氛，每个人都习惯于从自己的角度出发考虑问题，不能将相关的人员或团队当作客户来对待。例如，在一个广告公司中，绩效评估是按照每个业务员接到客户的数量和广告费用来评定的，这样就出现了业务人员纷纷"圈地"，相互之间戒备、保密等倾向，反而丢失了一些大客户。在这种情况下，这个广告公司对绩效管理进行了改变，增加了团队绩效的指标，并把将客户资料提供给他人作为在绩效评估中所鼓励的一种行为，这样团队的合作精神就有了好转，整个企业的组织气氛也得到了改善。

（十四）一个经理人员的工作成果等于他的下属的工作成果的总和加上他个人的工作成果

由于经理人员要通过领导一个团队来实现工作目标，因此我们常常说，判断一个经理人员的工作完成得怎么样，很大程度上是通过判断他的下属的工作完成得怎么样。对于经理人员来说，特有的工作产出包括提供的指导、资源，下属人员的管理、发展，为团队做出的决策等。

（十五）绩效管理系统提供的益处需要一定时间才能体现出来

在实施一套绩效管理系统的时候，往往刚开始，人们需要花费很多精力去做绩效计划并设定绩效指标和标准，这些工作既让人觉得枯燥费力，又不会立即带来效益，因此容易让人感到厌烦和灰心丧气。而只有当第一次或第二次绩效反馈面谈结束后，员工亲身体会到了绩效管理系统为自己带来的好处，才会逐渐地喜欢上绩效管理，对绩效管理的满意度就会逐渐提高。

（十六）"量化"并不是设定绩效指标的目标，"可验证"才是真正的目标

人们常常抱怨在绩效管理中不能将绩效指标进行量化，从而导致绩效管理的主观性。于是人们总是期望能通过某种方式将绩效指标进行量化，将所有的绩效表现都用数字来衡量既不可能，也没必要。在很多情况下，有意义的绩效指标可以是描述性的，但这些描述必须是通过某种途径可以进行验证的。因此，量化并不能针对所有的绩效指标，但所有的绩效指标必须做到可以验证则是必需的和可行的。

（十七）客户关系图的方法是帮助我们识别工作产出的有效方法

对于绩效管理来说，确定一个被评估对象的工作产出是一项重要的基础性工作。如果定义了错误的工作产出或片面的工作产出，将会使绩效管理的效果受到不良影响。客户关系图的方法以被评估对象为核心，列出该个体或团队对那些组织内部和外部的客户提供的工作产出分别是什么。这种方法有利于全面、准确地得到被评估对象的工作产出。同时，客户关系图的方法还有利于提高客户服务意识，使组织中的工作能够以客户为中心，以客户的满意为目标。另外，通过内部的客户关系将组织中的各个工作环节联系起来，有助于审视和达到各个环境的工作质量，真正实现全面质量管理。

（十八）进行阶段性的绩效回顾和沟通十分必要

如果说一年进行一次绩效回顾和沟通，并对被评估者的绩效进行评估，那么有相当一部分被评估者会对评估的结果感到诧异和生气，他们可能会抱怨管理者为什么不早一点将自己的绩效问题告知本人。因为在一年的过程当中，员工可能会存在绩效问题，同时也会有改进绩效的机会，所以应该让他们及时地了解自己的绩效并改进自己的绩效。也许有的经理人员会抱怨，一年之中自己哪有那么多时间与下属员工进行几次沟通，但正是因为缺少及时的沟通，他们可能每年会花费大量的时间来解决由于下属员工的绩效问题所带来的问题，而且花在这些事情上的时间可能比与员工进行几次绩效沟通的时间多得多。

案例

博能绩效考核：落在实处的绩效考核

1. 博能的绩效考核体系

博能的绩效考核体系包括每月的 MBO（Management by Object，目标管理）评估（被评估人：全体员工）、季度优秀员工评选、年终考核（被评估人：中、高层管理人员）和年度优秀经理人评选（对象：部门经理）等。其中每月一次的 MBO 评估是基础。

2. 博能的绩效考核目的

博能绩效考核有两个目的：一是提高整体绩效水平，评估应是建设性的，有利于个人的职业发展；二是对员工进行甄别与区分，使优秀人才脱颖而出，对大多数人要求循序渐进，同时淘汰不适合的人员。

3. 博能的绩效考核模式

博能从形式上有一个很正规的"三联单"式的 MBO 计划书，每个员工每月都要与其直接经理沟通，共同确定自己下个月的工作目标（逐项量化），并对上个月的完成情况进行打分。最后形成的这套一式三份的计划书由员工本人、其直接经理和人力资源部各执一份。MBO 的评估结果与当月奖金直接挂钩。如果

MBO 所列的各项目标全部完成，该员工即可得到相当于其基本工资 40% 的奖金。

4. 博能的绩效考核模式完善

博能实施 MBO 考核制度已经四年了，一直在不断完善。1999 年的 MBO 计划书只反映对每一项任务完成情况的打分，在打分过程中，员工肯定要和直接经理沟通，他的直接经理知道他的具体情况，但是别人就不清楚了。从 2000 年开始，博能要求员工对他当月 MBO 表中所列每个项目的完成情况都做一个小结，附在其 MBO 计划书之后。这样，就能更具体地了解他做了什么，完成情况怎么样，而不只是得到一个抽象的得分数字，这也有利于高层经理和人力资源部横向地比较各部门的人员业绩。原先在人力资源部，全体员工的 MBO 计划书是按月存放在一起的；后来人力资源部给每个员工都建了一个 MBO 档案，存放其每月的 MBO 计划书，这样就更便于了解一个人的成长和对公司的贡献。

5. 博能员工对博能的绩效考核认识

博能管理者说：考核制度应适应公司的业务定位；考核是为了公司整体目标的完成；考核制度应架构于整个公司的价值观之上。通过 MBO 体系，就可以把公司的整体目标分解到底下的部门，分解到组，然后由组到人；那么每个人的目标达成了，也就意味着组的目标达成了，组的目标达成了，也就是部门的目标达成了，所有部门的目标累积起来，就意味着整个公司业务目标的达成。

普通员工说：MBO 教我从日常工作中抬起头来，着眼于大的目标，通过规划分解完成；MBO 不止对公司有利，也促进了个人进步。

6. 博能落实绩效考核方略

博能刚开始实行 MBO 考核的时候，确实还是有一些阻力的，那么为什么能够一直贯彻下来呢？

第一，有充分的沟通。博能把全年的总目标、季度目标都向全体员工宣讲。每个部门也会把部门目标告诉员工。那么，每个员工都会有自己的理解，对自己应该做些什么会有一些大致的考虑。MBO 实际上是确定了一个时间，让员工和直接经理坐下来，大概谈一谈上月完成得怎么样，为什么，本月又要做什么，这就给了员工们参与整个部门的决策，或者说有关自身的工作安排的一个机会。只有员工的认可度强了，整个目标才会得到很好的执行。四年来，博能的 MBO 之所以能够顺利地推行下去，也因为有时候员工觉得"经理是为我着想"，不是说员工定了 10 条目标，经理就顺水推舟。如果经理觉得你完成不了这么多工作，恐怕会影响到你的绩效，反而会给你减一些。所以经理不仅是与下属沟通，还有一个责任，就是给下属一个正确的工作量，共同完成团体目标，使员工保持长期动力。

第二，博能的 MBO 考核指标有三个特点：一是可以持续的；二是通过努力可以达到的，不是一伸手就能够到；三是可以量化的。MBO 有两种性质的指标：质量与超越。例如，你每个月都做财务报表，那么 MBO 就卡你的质量。你这个月完成了整个年度目标的 10%，那么下个月你要争取做到 15%，这就是超越。虽然每个人的工作不同，但是每做一件事都要有助于整个目标的达成。

四、如何做好绩效管理评估的反馈

很多人力资源经理都明白反馈的重要性，可是在实际工作中很少能有效地执行。问其原因，他们都倾诉着苦衷："棘手的问题太多了，很难知道怎么办才好。"由此，工作常常是"业绩不彰"。很多时候，他们不知道如何将评估结果有效反馈给员工，因为员工在反馈过程中，很容易产生自我防卫的反抗情绪，甚至会与上司争辩，不仅预期中的目标不能达到，反而影响两者的关系，从而导致绩效评估工作仅能够发挥"监督业绩达成程度的控制机能"，而"培育个人成长和发展的反馈机能"往往被有意或无意地忽略了。

造成有绩效评估而无反馈困境的原因，既有反馈的管理方法不科学、不完善方面的问题，也有被评估者在接受反馈信息的过程中反应不能得到有效控制的问题。

评估结果的反馈是绩效评估中的最后一个环节，也是能否取得预期效果的一个关键环节。由于被评估者的性格特征、文化背景、成长经历、智力水平、自我防卫机制、认知的需求和式样，以及成长的背景不同，会导致以同样的方式反馈的同样的评估结果出现不同的反应。因此，为了达到积极的效果，在进行反馈之前，就需要对员工进行研究，针对不同的员工，确定不同的反馈方式。

对员工的研究包括以下五个方面：

（1）观察员工：人力资源部或主管部门要加强对员工的观察，通过对其行为举止、言谈习惯、在工作中的表现以及与其他员工之间的交往来确定其性格特征。

（2）与员工交往：由于在日常工作中，人力资源部或其主管部门经常会与员工接触，这就有了深入了解员工的机会。通过这种直接交往能更加深入地了解员工、认识员工。

（3）间接了解员工：由于员工的一些性格细节不易被人力资源部或主管部门掌握，可通过对反馈对象熟悉的员工来进一步了解。

（4）性格类型测试：现在有许多比较科学、规范的测试方法和量表，能够让企业较科学地掌握员工的性格特征。

（5）资料的收集和汇总：有了这些资料以后，再结合员工的文化背景、成长经历，以及成长环境，就可以深入了解员工了，知道他喜欢什么、讨厌什么、忌讳什么，有什么样的东西可以接受，对什么样的反馈方式不能接受。

了解员工以后，就是一个反馈方法选择和运用的问题了。

反馈的过程实际也是一个沟通的过程。因此在反馈时可以采用正式反馈，也可以采用非正式反馈，既可以通过正式的沟通方式，也可以采用非正式的沟通方式。

（一）正式反馈

正式反馈包括面谈式反馈、讨论式反馈和网络电子信函式反馈。其中以面谈式反馈为主，另外两种反馈形式为补充。

1. 面谈式反馈

正式反馈方法的核心是面谈式反馈。要使面谈有效果，评估者和被评估者都必须做充分的准备。

首先要明确 5W1H：①为什么要面谈（Why）？②面谈什么（What）？③选择

什么样的地方（Where）？④什么时间（When）？⑤面谈对象（Who）？⑥怎样进行面谈（How）？所有这些准备活动都要依据对被评估人员的研究结果而进行。

然后，根据员工的特点、性格特征等因素可以有选择地采取几种方式：①实事求是并有的放矢；②肯定成绩且指出缺点；③积极参与并共同讨论。

2. 讨论式反馈

将绩效评估结果放到一定群体中进行讨论，可以纠正一些主观错误，或者由于评估者因素而产生的误差，也可以明确某些考核指标对员工的重要性，以便在日后的工作中加以改正。群体讨论中，要注意以下五点：①要选择合适的群体进行讨论，如同车间的工友、同一部门的员工、不同部门同一层次的员工等；②讨论的主题选择，以及鼓励和控制；③创造一个轻松、融洽的气氛；④努力达成结果，使被反馈员工无怨言；⑤结果存档。

3. 网络电子信函式反馈

人力资源部门可以利用企业局域网，专门开辟一个讨论版，让员工把对自己的评估结果不满意或认为不准确的信息，在讨论版上表达出来，让所有的员工都参加讨论。当然，主管部门或人力资源部门也要就网上员工的要求或意见做出回应。

电子信函式反馈就是评估者把员工的评估结果在网上发送到员工个人的电子信箱里，让员工了解评估结果，并让员工对自己的评估结果做出一份总结报告，通过电子邮件的方式发送到人力资源部的网页或主管的邮箱中。双方可以进行沟通，做好反馈的工作。

这两种反馈形式均能够不受时间和空间的限制，主管和员工都能充分、及时地做出答复，克服了面谈给员工带来的压力，员工能够准确地表达自己的想法、意见等，增加了反馈的互动性和主动性。

（二）非正式反馈

对于一些特殊岗位的员工或特殊的员工，通过以上的三种正式反馈方法都很难达到既定的目的。这就要求采用一些非正式的反馈方法，在一些非正式的场合采用非正式的方法，如饭桌上、休闲场所闲聊。由于采用的是同事式的关心、领导式的关怀，员工容易接受，两者也能心平气和地沟通。

反馈过程还包括控制阶段。它的主要功能就是通过一种机制来实现反馈的目的和效果。它是一个过程管理，贯穿于整个反馈阶段，也是反馈的最后一个环节。控制在于为实现工作目标避免决策和执行运作过程中的偏差，发现决策和执行运作过程中的不足，完善、纠正以及实现目标，并不断提高和超过预定的目标。主要包括：

（1）鼓励员工改变不当行为。有两种让员工改变不当行为的方式。①参与性改变，指让员工了解企业反馈的意图，并使他亲身参与反馈目标的制定和反馈的积极作用的讨论，在新的认识的基础上产生新的行为。②强迫性改变。就是把改变对反馈认识行为的要求强加于员工身上，使其必须对反馈产生新的认识，然后在新的认识基础上产生积极的行为。对于不同的员工需要采取不同的方式，另外也有可能两种方式同时使用，以达到效果。

（2）鼓励员工诉怨。这是一个申辩程序，人力资源部门和员工对某项评估指标在认识上的差异，可能导致员工对评估结果不能接受，产生不满情绪。鼓励员工诉怨是最好的解决方式，它可以在反馈的过程中就得以实现。人力资源部可以建立一个诉怨中心或诉怨办公室，鼓励员工去诉怨，并在这个过程中解决问题。很好的交流和诉怨是反馈的工具，是实现反馈目的的手段。通过这种互动式的交流可以最大限度地实现反馈，使绩效评估工作圆满完成。

（3）员工提供对反馈结果认识的报告。这是员工实现认识自我、认识绩效评估的工作。了解了评估结果，并不等于实现了评估的目的，只有通过对评估结果的充分认识，才有助于开发员工和支持企业发展。报告能让企业进一步了解员工，找到原因。报告可以让企业和员工双方面均了解员工的需求、员工的不足，能够对他们进行必要的培训，以达到提高员工人力资本的目的。

（4）避免反馈可能出现的消极作用。任何一种绩效评估模式都不是最好的，在实际的操作过程中总会出现一些误差，而这些误差的出现如不能及时发现和消除，必然会影响企业的发展，影响企业和员工之间的关系，挫伤员工的积极性，不利于人力资源开发。在反馈的过程中要有敏锐的洞察力和必要的准备工作，及时发现、及时解决、及时沟通、及时再反馈，最大限度地消除消极影响，然后在实践的基础上进一步完善绩效评估制度，建立更加适合本企业的绩效评估模式。

（5）投入资源开发员工。绩效评估的目的不仅是企业对员工的升迁、调薪、奖惩的工具，其最主要的目的是开发员工，提高人力资本，将员工个人表现的状况和组织的战略目标紧密地结合起来。

五、避免绩效改善中的 14 个误区

在未来的竞争中，只有那些专注建立核心竞争力、不断改进和提高绩效、锻造持久竞争优势的企业才能在国际市场竞争的舞台中获得一席之地。

跨国公司一直重视绩效管理，然而，绩效管理在中国毕竟是一个较新的理念。传统的文化和管理模式仍在影响着企业管理者乃至企业的任何一名员工。在实施绩效管理的过程中，由于传统管理文化和意识的影响、对新的绩效管理理念不完整的理解、绩效体系设计和执行者的经验和技能的局限等原因，种种误区充斥于绩效管理实践中。

（一）一叶障目，不见森林

为什么要管理企业及企业内员工的绩效？目的显而易见：实现企业的战略目标。绩效管理系统同企业的战略、组织架构、企业文化等息息相关，密不可分。相当多的中国企业在导入和实施绩效管理时仅着眼于绩效管理体系本身，忽视甚至割裂绩效管理同企业其他方面的联系，为绩效管理而绩效管理。陷入该陷阱的企业往往一叶障目，不见森林，没有利用绩效管理系统向企业所有员工发出完整的、正确的信息：企业的战略目标是什么？如何实现该战略目标？企业关注、注重的是什么？企业重视并奖励员工的何种行为？如何创造价值？有效的绩效管理系统必须是最适合企业文化和组织架构的，向员工传达企业的价值观、愿景和战略目标，给员工描绘企业大的"图画"，激励全体员工为达成企业愿景和战略目标而努力。

（二）照抄照搬，盲目模仿

企业的管理体系必须充分考虑企业的特点，发展阶段，战略目标，员工知识、技能、能力等。不顾企业自身特点，盲目模仿、沿用其他企业管理实践只能导致水土不服。一个企业的绩效管理实践可能帮助该企业创造价值，但却不一定能帮助另一个企业创造价值。即使两家企业生产同一产品或提供同一服务、处于同一区域内、员工说同一语言或方言，两家企业肯定会存在差别。在现实生活中，不少企业实行"拿来主义"，如把别的企业（尤其是绩效优秀的跨国公司）的绩效管理表格和绩效评估打分方法拿来，或稍作修改，或原本照搬，即在本企业推行。尤其是目前流行的所谓"最佳实践"大行其道，加之不少咨询公司推波助澜，使不少急于提高企业绩效而又不知从何入手的管理者们纷纷仿效，其结果往往是南辕北辙，事与愿违。殊不知，在管理中没有"最佳的"实践，只有"最契合"的实践。同样，在绩效管理中，只有对企业的发展状况、战略和经营目标、价值观、企业文化等进行充分的诊断，才能对症下药，找到能解决本企业绩效问题的千金妙方。

（三）重绩效考核，轻绩效管理

绩效管理是一个系统，包括绩效计划、绩效反馈、绩效考核、绩效激励和发展四个阶段。然而，不幸的现实是不少本土企业多关注绩效考核，而忽略绩效管理的其他环节，尤其是绩效反馈。绩效考核仅是绩效管理流程的一环。仅关注考核而忽略绩效管理的做法如同学生仅关注测试结果而忽视平时学习和知识提高一样荒谬。绩效管理是一个动态过程，它通过绩效计划而设定绩效目标，并明确达成目标时的激励。通过目标管理界定员工的行为，清楚的目标和透明的激励制度使员工清楚地知道付出什么样的努力即会获得何种结果和收获。然而，在执行的过程中，目标是否能达成还取决于许多因素。员工自身的努力和投入、员工的知识和能力、工作环境、组织中的障碍、资源的缺乏等都将制约绩效目标的达成。从企业的角度，应该持续跟踪和关注员工在绩效周期内的绩效，通过反馈、指导、培训、清楚组织内影响绩效的障碍、提供支持等各种方式，帮助员工实现既定目标。管理者的角色不是在制定目标时当"甩手掌柜",袖手旁观,而是要做咨询师、教练、后勤主管。绩效评估和绩效激励(发放奖金)工作完成还不是绩效管理周期的终点。为了未来绩效的达成和提高,管理者还应该同员工共同制定员工的培训和发展计划,通过个人自主学习、在职指导和培训、岗位调动、参加内外部培训课程等方式,提高员工的知识、技能和胜任能力,以便在新的一个绩效周期中绩效能"百尺竿头,更进一步"。

(四)重视员工个人绩效管理,忽视企业整体绩效管理

绩效管理的主旨是企业战略和经营目标的达成,其手段是通过员工个人目标的实现从而带动企业整体目标的达成。然而,在管理的现实中,管理者们往往是本末倒置。他们多关注于员工个人绩效的管理,轻视甚至忽视企业整体绩效的管理。其实,企业整体绩效管理才是管理者应该关注的重点,员工的绩效管理是工具和过程。某饮料企业原本仅考核员工的个人业绩,没有从企业整体业绩方面入手,结果显而易见:员工绩效好不能带来企业绩效优异。高绩效的企业往往设有绩效管理委员会,由企业高层亲自领导,其成员包括企划、财务、人力资源等部门负责人,他们的任务是确保企业的战略和经营目标能层层分解到员工个人,使员工的个人目标与企业的目标协调一致,不仅管理员工的绩效,而且使团队、部门、企业整体的绩效有机地联系起来,得到很好的管理。

(五)把绩效考核简单化

不少企业把绩效考核的目标和用途简单化。对于他们来说,考核=打分=发奖金,即通过绩效考核对员工的绩效打分,然后把绩效分数机械地同薪酬特别是员工的月度、季度、半年或年度奖金挂钩。把考核结果同薪酬直接联系没有错,而且在中国企业中还应该加强、普及。但是,绩效考核的目标是多重的,考核的结果更要广泛地运用在员工招聘、培训和发展、晋升等人力资源管理系统中。通过绩效考核,发现企业招聘的员工是否是企业实现战略目标所真正需要的人才;通过绩效考核,发现员工的知识和技能同企业为实现战略目标所需要的知识和技能之间的差距,从而制定培训和发展计划;通过绩效考核,不仅通过财务方式

进行激励，奖勤罚懒，还要通过其他方式，如公开表扬、晋升，对绩优员工进行激励。

（六）片面追求考核指标量化

绩效衡量的指标最好要可量化，避免评估者主观的偏差。然而，尽管中国的传统文化强调中庸，不走极端，但是，在实践过程中，企业的管理者们容易从一个极端走向另一个极端。过去，对于企业和员工的绩效没有评估，或即使有评估，也是以主观判断为主，人为因素占很大分量。在西方管理理念引入中国后，企业管理者们认识到传统的绩效评估方法的弊端，转而追求一切衡量指标皆可量化。实际上，并非一切绩效衡量指标都需要量化，管理既是科学，又是艺术，一切皆要可衡量的想法最多只是一种不切实际的理想化想法。一味追求衡量指标量化暴露了中国企业中管理人员因为文化的因素不愿直面员工，尤其是绩效差的员工，不愿提供负面反馈意见的思想。同时，一味追求所有指标可量化还反映了企业的高级管理人员（尤其是民营企业的所有者）对中层管理人员执行绩效考核能力的不信任心态。不少民营企业老总对下属缺乏信心，有的甚至怀疑主管人员的判断能力。所以，他们希望所有衡量指标都能量化，最好通过系统软件即可生成考核结果。

（七）绩效系统建立后一劳永逸

绩效管理系统不是一成不变的静止、僵化的体系。建立了绩效管理体系不等于管理工作一劳永逸。除了管理体系，尤其是绩效管理工具自身内在的缺点，外部变化的经济、政治、技术、社会环境对企业的绩效管理不断提出新的要求，也带来新的机遇。纵观绩效管理理论和实践演化的历史，我们可以发现，绩效管理的理论不断在创新，绩效管理的实践不断在演化。从泰勒的科学管理理论、霍桑试验，一直到管理大师德鲁克提出的目标管理、关键业绩指标和近年来风靡全球的经济增加值和平衡计分卡，西方的管理学者和企业管理的实践家们从来没有停止过对绩效管理的探索和改进。何况，一种绩效管理实践是否适合一个企业，在管理实践中需要针对本企业特殊的文化做出何种修订，如何博采各种绩效管理工具之长为本企业所用，都是企业管理人员特别是高层管理者们所必须思考并不断解决的问题。今天的中国企业管理者们已经对"做，还是不做"这一绩效管理中哈姆雷特式的经典问题给出了正确的答案，在导入并建立了本企业的绩效管理体系之后，还要不断就其他诸如"改，还是不改"、"弃，还是不弃"等更多哈姆雷特式的绩效管理问题不断思考、探索、尝试。

(八) 忽略绩效反馈

绩效管理的最根本目标是不断提高员工和企业的绩效，在竞争日趋激烈的环境中建立持久的竞争优势。因此，在绩效管理的过程中，绩效反馈相对是更重要的一环。忽略绩效反馈环节，将绩效管理静止化对待的思维和实践对企业不断改进和提高的杀伤力极大。

员工个人绩效的好坏决定了企业整体的绩效水平。并非在员工绩效出现问题时才需要绩效反馈。员工有清楚的绩效目标并经常收到反馈时才能做到最好。只有持续地提高和改进员工的个人绩效，才能实现企业整体目标的达成。员工在工作过程中是否按照既定的工作目标和标准执行日常工作，有无偏离预订轨道，管理人员有责任在日常的工作流程中对此进行跟踪，发现绩效问题应立即向员工提出，同员工共同商讨解决办法，为改进员工的绩效水平提供精神和物质上的支持。及时、具体、频繁的反馈能帮助员工保持良好的绩效水准并改进绩效以达到企业的要求。例如，改善影响员工发挥个人才能的环境、提供培训和辅导、提供工作设备支持等，以协助员工克服绩效障碍、提高工作技能、增强工作信心，从而最终达成或超越既定工作目标。

如上所述，在不少企业中，有效的绩效反馈不仅被忽视，而且是被有意忽视或被避开。中国的传统文化讲究面子，人们多愿当面说好话，提供负面的反馈意见对于提供者和接受者来说都是一件尴尬的事情。为了解决这一问题，企业应该一方面建立开放、坦诚、对事不对人的绩效文化，还应该给管理人员提供有关绩效反馈方面的培训，提高他们提供绩效反馈意见的技能，以更好地面对绩效有问题的员工。

（九）追求目标设定的魔方

绩效目标的设定是绩效管理流程的第一道步骤。一个好的绩效目标要满足具体、可衡量、可实现、与工作相关、时间性的要求。为了使绩效目标成为员工本人的努力目标而非企业或主管强加于其的目标，在设定目标的过程中，管理人员和员工应充分沟通，就目标达成共识。然而，在本土企业中，许多管理人员把目标设定看成是头痛的事情。所以，他们期望咨询公司能提供一种绩效设定的魔幻秘方，不用直接面对员工，省略沟通、讨论（甚至争论或争吵），即可设定科学、客观的绩效目标。

某大型国有企业的管理人员在同下属企业的经营者设定绩效目标时深感头痛。坐在集团公司总部的管理人员自知对企业和经济环境的了解不如子公司经营者"门儿清"，由于自身的利益关系，委托人（其实还不是严格意义上的委托人）和代理人对于子公司经营目标设定的过程充满博弈。该企业的管理人员希望咨询公司能帮助其制定可自动设定经营绩效目标的公式，这样，企业管理人员不必每年同下属企业经营者玩"猫捉老鼠"的游戏。

诚然，这样的想法是天真的，也是不负责任的。了解企业的外部运行环境和内部运作特点、了解下属的工作、把企业的目标分解成员工的工作目标是管理人员的天职，是不可推卸的责任。

（十）追求考核指标的穷尽

一些企业管理者希望考核面面俱到，不管细枝末节，凡是员工做的工作，都要考核，否则员工就会偷懒，不愿从事不被考核的工作。

实际上，考核指标的选取一定要特别慎重。企业进行绩效考核要着眼于正确的绩效衡量指标。可以用来考核的指标非常多，企业要找出能驱动价值创造的绩效目标，判断其对企业的影响。绩效管理的目标是确保员工做正确的事情。过多的考核指标只会分散员工的关注重点，使得员工不得不"眉毛胡子一把抓"。对于企业来说，管理需要付出成本。面面俱到、细枝末节的衡量指标只会加大管理成本、分散管理人员和员工的注意力。此外，指标要简单易懂，复杂的考核指标只会困惑员工。

(十一) 工具力求最新颖

不少企业在引入绩效管理时对于绩效管理和衡量的工具求新、求全，片面地以为新颖的、被大多数高绩效企业采用的绩效管理和衡量方法一定能够帮助自己的企业提高绩效，完全忽视绩效衡量方法所要求的企业管理信息系统的匹配程度。经济增加值、平衡计分卡等绩效管理工具不仅需要实施企业的管理和信息系统支持，还需要外部信息必须能够得到。

近年来，平衡计分卡在中国大行其道，受到企业管理者的追捧和青睐。殊不知，平衡计分卡这样的先进的绩效管理和衡量工具的运用需要组织其他方面的配合。首先，平衡计分卡是联系企业战略和绩效管理，帮助企业成功实施、沟通、诊断战略的有力工具。通过平衡计分卡，企业可以把组织的目标逐步分解到部门、员工，使个人的目标同部门和组织的整体目标协调一致。所以，应用平衡计分卡的前提条件之一是企业必须有清楚的战略目标。其次，平衡计分卡所包含的衡量指标覆盖四个维度，可达 20 个之多。因此，企业必须有较好的信息系统支持衡量指标的跟踪和衡量。最后，平衡计分卡理念是在西方绩效管理成熟、成功的企业多年的实践基础上建立和发展起来的。很难想象一个从来没有实施绩效管理、没有建立绩效文化的企业能够成功地使用这样复杂的绩效衡量工具。万丈高楼平地起，其基础工作不能跳过。否则，基础不扎实将导致后续工作轻则达不到预期目标，重则事与愿违、南辕北辙。

(十二) 绩效管理是人力资源部门的工作

人们以往认为绩效管理仅是人力资源部门的工作。这种观点仅对了 1/3。实际上，员工的绩效关乎整个企业。如此重大的任务不能只交给人力资源部门来承担。绩效管理应成为部门经理、员工个人、人力资源部共同承担的工作，尽管每一方担负的职责有所区别。建立高绩效企业文化是从公司高层到每位员工不可推卸的责任，离开绝大部分管理人员及所有员工而仅靠人力资源部门推动的绩效管理体系注定是要失败的。

在绩效管理中，正确的管理模式是部门经理对绩效结果负责而人力资源部对流程负责。人力资源部的职责是建立整个企业的绩效管理体系，包括政策、流程和工具。职能部门管理人员必须对其所管理的部门及员工的绩效负最终责任。精明、职业的经理早已意识到自己部门目标的达成必须依赖全体员工的承诺和投入，所以积极协同人力资源部门管理部门和员工绩效。员工个人更不应成为绩效管理的旁观者。绩效管理关乎员工的切身利益，员工应积极参与到绩效管理的每一个步骤中。在不少企业中，绩效反馈和支持工作以及绩效发展做得还有很大欠缺。在这样的组织环境中，员工要主动要求主管人员给予绩效反馈和绩效支持并同主管分享自己个人的职业发展目标，要求主管人员和公司给予培训等方面的支持。

实践证明，只有管理人员、员工和人力资源部共同积极参与的绩效管理才能达到最大化的目标，实现多赢的结果。

（十三）考核过于频繁

既然绩效如此重要，管理人员关注绩效考核本不应该受到指责。但是，事物往往过犹不及。在笔者的咨询和培训过程中，发现不少企业管理人员希望每月对员工的绩效进行考核。其实，无论绩效管理抑或绩效考核，管理人员都需投入大量的时间和精力。对于管理人员来说，时间是最宝贵、最稀缺的管理资源。过于频繁的考核利大于弊。第一，如若严格执行，势必加大管理成本；第二，在管理资源如此稀缺的情况下，过于频繁的考核必定导致考核流于形式，走过场。其最好的结果是没有带来任何正面的结果，其最坏的结果是使绩效考核和绩效管理变成管理人员不愿从事、员工认为毫无意义的管理官僚主义和管理笑话。

（十四）工具的不当使用

绩效管理和衡量需要制度的保障，也需要工具的帮助。在市场经济发达的国家，管理学者和企业管理人员不断更新绩效管理和衡量的理念，探索新的考核工具，如目标管理、平衡计分卡、经济增加值、智力资本显示器（IC Monitor）等。

然而，在不少企业中，绩效管理工具使用不当的情况普遍存在，其中最严重的是360度评估。360度评估也称多角度评估，主要是通过上司、下属、同僚、客户等的反馈，克服了传统评估工具仅由上司考核下属而造成的单一绩效信息收集渠道和主观性强的弱点。360度评估的结果多应用于员工开发、晋升、绩效改进等方面。但是，在不少国内企业中，360度评估结果被应用于同薪酬联系。这样，360度评估的信度和效度将大打折扣。某民营企业老板在对360度评估有了一知半解后引入本企业，对管理层员工进行绩效考核时使用，并同年终奖金挂钩。其结果是被考核员工怨声载道（当然在该企业的独特文化中没有人敢公开提出不同意见），在评估其他部门同事时"留一手"或"使绊子"，造成部门之间不合作甚至产生敌意和互相拆台。360度评估结果的扭曲可想而知。

以上总结了中国本土企业在绩效管理实践过程中容易陷入的14个主要误区。套用一句名言，"成功（管理绩效）的企业是相似的，不成功的企业各有各的不同"。一个企业能否不断发展，塑造核心竞争力，获取持续竞争优势，关键之一是要有一套完善的绩效管理体系，建立高绩效文化，不断改善和提高企业的绩效。从这一点来说，所有成功的企业都是相似的。但是，即使企业能从认识上重视绩效管理，从管理实践上实施绩效管理，由于中国本土企业在导入和实施绩效管理中存在的以上一个或几个主要误区以及其他各种各样的小误区，企业对绩效管理的投入没有获得应有的回报，对绩效的期望没有达到，绩效管理的初衷没有更好地完成，不成功（没有达到应有的绩效水平）的企业又都是不同的。因此，中国本土企业的管理者们在绩效管理的路上还任重道远，不仅要有正确的认识和决心，还要跨过绩效管理中的种种陷阱，实施科学的绩效管理。

第六章　打造学习型团队

理无专在，而学无止境也，然则问可少耶？

——（清）刘开《问说》

案例

20世纪初，英国的乡村有一套牛奶配送系统，将牛奶送到顾客门口。由于牛奶瓶没有盖子，山雀与知更鸟常常毫不费力，便在顾客开门收取牛奶前，先一步享用。后来，随着厂商加装了铝制的瓶盖，山雀与知更鸟便不再拥有"免费早餐"。但到了20世纪50年代初期，当地的所有山雀（约100万只）居然都学会了刺穿铝制瓶盖，重开"免费早餐"的大门。反观知更鸟，却只有少数学会，始终没有扩散到大多数。

很明显，山雀经历了组织学习的过程，借助个体的创新技能，传送给群体成员，成功增加了族群对环境的适应力。但问题是，为什么山雀可以，而知更鸟却不能呢？生物学家发现，山雀在年幼时期，就已习惯和同类和平相处，甚至编队飞行。而知更鸟则是排他性较强的鸟类，势力范围内是不允许其他雄鸟进入的，同类之间基本上是以敌对的方式沟通。因此，虽然两者同属鸟类，但和谐相处的山雀，比起互相敌视的知更鸟，更能学习互助，进化程度更高。由此可见，在一个群体之内，如果内部竞争太激烈，成员之间互相争位敌视，就难以发展成一个学习型组织。要成为学习型组织，先决条件是必须有和谐的内部气氛，组织内的成员才能互相分享知识。有些企业的管理者误以为内部竞争越强越好，甚至刻意制造很强的竞争文化，自以为这是学习型组织。而我们正是要创立一个真正的学习型组织——轻松和谐、相互学习、团结协作、分享创新！综观国内外，一些著名企业的发展，无一离开"学习"二字。美国排名前 25 位的企业中，有 80% 的企业是按照"学习型组织"模式进行改造的。国内一些企业也通过创办"学习型企业"而给企业带来了勃勃生机。

因此，如果团队中每个成员都能把自己掌握的新知识、新技术、新思想拿出来和其他团队成员分享，集体的智慧势必大增，就会产生"1+1>2"的效果，团队的学习力就会大于个人的学习力，团队智商就会大大高于每个成员的智商，整体大于部分之和。给一个人一条鱼，你只能喂饱他一天；教会一个人钓鱼，才能使他一辈子不会挨饿。作为团队领导，不但要自己会钓鱼，还要教会员工钓鱼。授人以鱼只能使他"做对了事情"，授人以渔则可以使他"以正确的方法做事情"。不仅要做正确的事，还要正确地做事，这是活到老也要学到老的事。

一、现代学习型团队管理思想渊源和形成

（一）团队管理起源

团队管理最早于 20 世纪五六十年代出现于日本。日本之所以把团队作为组织管理的主要形式，主要是因为日本的雇主与雇员之间能结合得如家族关系那样紧密。另外，团队中讲究和谐一致，日本得益于它的文化传统：东方文化中的"和"与"礼"。具体来说，有下列潜移因素：

首先，和魂洋才构成日本企业独一无二的团队形态。日本人对异源文化有着特殊的融合才能，这种才能来自于民族生存需要的本能。国土的狭小、资源的贫乏、孤岛般的地理环境、频繁的火山地震、太平洋台风和潮汐的恶劣气候，是日本民族维持生存，求得发展，必须视野向外，引进外来文明的根本动因。败不

馁，不满足于现状，勇于进取，锲而不舍，积极奋进的性格特征，界定了日本的团队精神，构成所谓的"和魂"。在"和魂"里面，随处可见"汉化"的烙印。忠字当先、忠于企业、和谐一体、共存共荣的团体思想，在现代日本企业中，无不成为企业文化的信条。

其次，团队意识构成日本企业的中坚。日本的团队意识是以"家族"为代言词赋予感召力的。它在日本企业中，乃至日本社会中是一种功能体系，而不是系谱体系。与中国的宗法社会、血缘家族意识有着本质的区别。团队形成的原则不是追求血缘上的关系，而是追求整体的功能。这种功能体系迫使每一个成员必须为团队的整体功能负责。企业管理活动的目的和行为，都是为了保持团队间的协调，维护团队的利益，充分发挥整体的力量。因此，一个人进入了这样的团队，就把自己的命运与集团的功能连在一起了。这是日本式终身雇用制的基础，也是团队成员对整体忠诚、尽心尽责的基础。而团队也是满足成员广泛需求的场所和构成企业集团的有机体。

再次，以人为本构成日本企业团队文化的基础。企业成员是企业文化的主要载体。日本企业的管理正是以人为基础、超越欧美盛行的泰勒式科学管理模式的。日本凡有成就的企业，无不将"人才第一"列为企业一切行为的第一要素。日本企业的人力资源，靠着终身雇用制、年功序列制、企业工会三大支柱，在劳资关系、团队认同感和归属感范畴，收到了良好的效果，从而获得了极大的团队凝聚力。这种以人为本的企业团队文化，构成了日本赶超欧美的最有效武器。

最后，模仿和精益生产的韧性产生了以团队为主要形式的管理方式。因为上述的合金文化中的和魂洋才和资源贫乏现象，日本民族形成了惊人的模仿能力，产生了对产品精益求精的韧性。这种追求稳健发展与拿来主义的民族文化特征，主导了日本企业一定要以"抱成团"的方式"打天下"，换句话说，也正是模仿和精益生产的韧性促进了管理方式的进一步改革，即以团队为主要形式。

（二）20 世纪 80 年代后的团队模式

20 世纪 80 年代后，美国拿来并创造性地把团队模式发展到了一个新阶段。

1. 引进团队理念，与传统方式决裂

正当日本以团队为主要形式的组织管理获得空前成功的时候，美国却输出了最多的管理理论。以"科学管理为中心"的美国企业终于败给了"以人为中心"的日本企业。自20世纪80年代开始，美国经济和企业界痛定思痛，以改革和创建新型企业文化为突破口，大力研究日本企业成功的原因，掀起了全方位实践和理论创新的高潮。其中最为引人注目的就是团队学习。在融会了东西方管理文化精髓的《第五项修炼》中，团队成为企业扁平化结构的最主要表现形式。

2. 团队成为美国管理创新的最大"果实"

企业团队文化创新的结果，赋予美国企业强大的动力。创造是美国的民族特征，美国文化是由各个民族的优秀品质在美利坚这个大熔炉中凝练融合的文化合金。团队文化就是其中的一个最大的"果实"。目前，有许多组织已经将其员工的工作任务重新设计为自我管理团队的形式。

案例

美国电报电话公司从1990年起，在其新泽西州的潜水艇系统制造厂中就使用了这种工作团队设计，仅两年时间就成功地将成本降低了30%多，结果扭转了该厂濒临倒闭的命运。现在，团队理论正通过美国传向世界各地。

（三）学习型团队组织形态的形成与发展

学习型团队作为一种新兴组织形态的出现，是现代企业自20世纪三四十年代以来针对传统组织逐渐暴露的问题不断进行改造和改进的结果。团队作为介于组织和个人之间的一种次级组织，其组织渊源可以追溯到20世纪中叶。

1. 早期的团队形态

（1）T-组训练（Training Group）。T-组训练是由 Lewin 和 Mereno 在 1940~1950 年建立起来的。这种团队的基本假设是：个体可以通过不断获得的经验来学习。其基本要点是让人们自由地表露感情。T-组训练通过所谓的"感情交锋"

来关注个人成长、态度观念、个性变化等问题。这是改进传统组织缺陷较早的方法，至今仍是多数管理和组织发展的基础。

（2）质量管理小组（QT）。自 1950 年起，日本人在社会重建过程中接受了美国质量管理大师 W.爱德华·戴明和约瑟夫·朱兰的建议，经过近 30 年的努力，到 20 世纪 70 年代中期，一些杰出公司产品的质量和生产能力已经达到当时西方难以想象的水平。20 世纪 80 年代，美国人研究后发现了质量小组是日本人成功的秘诀，从此在美国出现了成千上万的质量小组。全面质量管理引入了一种基于统计学的、从根本上解决问题的技术。质量小组毫不留情地追究所有问题的根本原因，如制造、产品开发、服务质量和其他的业务领域。现在我们发现，QT 实际上是"学习型团队"的雏形，作为一种团队组织形态，它要求相互配合、以合作的方式开展工作。

2. 近年来的学习型团队形态

（1）企业再造中的跨部门团队。1993 年，哈默和钱皮的《企业再造》一书的出版，标志着组织变革的一个突破。美国企业中过去那种集权式的管理方式已经让位于网络式、团队式的管理模式，企业由一些自我管理的团队构成，企业赋予自我管理团队更大的权力。实际上，在企业再造运动中，核心的工作是流程再造，而流程工作只能由团队的形式来代替分散的个人工作。传统上由不同部门分段做的工作合并在一起，由一个工作团队加以完成。可见，企业再造的组织基础不再是单独的个人，而是跨部门的团队。

（2）学习型组织中的学习型团队。"20 世纪 90 年代最成功的企业将会是'学习型组织'，因为未来唯一持久的优势，是有能力比你的竞争对手学习得更快。"彼得·圣吉（Peter M. Senge）通过著名的五项修炼，把培养组织的学习气氛，进而形成一种符合人性的、有机的、扁平化的组织——学习型组织进行了全面的概括和总结。彼得·圣吉在《第五项修炼》一书中，如同《企业再造》一书，也把组织由多个创造性团队构成作为新型组织的特征。传统组织以个人为基础、各自为战。而在新型环境下，大家必须从整体上考虑问题，共同合作，以团队的形式参与竞争。而且在信息大量产生、知识成为生产的重要投入要素的时代，掌握了什么、掌握了多少虽然重要，再能掌握什么能力——学习与创新能力却更加重要。

为此，传统团队组织中的人们必须改变自己的心智模式，祛除个人主义思想，代之以系统思考问题的方法，围绕大家共同的远景目标，共同学习、共同努力。

迄今这种新型的学习型团队的最高表现形式莫过于自我管理团队和虚拟团队。自我管理团队是一种在设定的领导人（大多轮流担任）的管理下，自我决策，实现组织目标的具有高度自主权的团队。在这种组织形式中，管理者主要做更多的战略性规划。传统的组织中，管理者往往要花大量的时间去监督他们的下属和解决下属出现的问题，其角色更像一位"救火队长"。自我管理团队是企业发展过程中的一种必然选择。因为团队管理实际上是家族管理的对立面。家族式管理是一种以自我为中心的、建立在视员工为公司附属物基础上的非理性化管理。自我管理团队强调以人为中心、视员工为活动主体、员工是公司企业的主人。与其他类型的团队相比，它拥有更大的自主权。一旦给自我管理团队确定了要完成的目标以后，它就有权自主地决定工作分配、工间休息和质量检验方法等。这些团队甚至常常可以挑选自己的成员，并让成员相互评价工作成绩。其结果是团队主管职位就变得很不重要，有时可能被取消。

虚拟团队是现代科技革命的产物，它是一种以现代通信技术为基础的"网上"团队。互动式的内部网络显示了人类团队协作能力的迅速提高。虚拟团队就和其他每个团队一样，指一群人为了完成共同的目标和任务而产生的互动。虚拟团队和传统团队的不同之处在于使用通信技术网加强联系，跨越时间、空间以及组织的边界共事。例如，随着全球经济一体化进程的加快，越来越多的跨国公司在网上进行员工培训。在同一时间，召开有全球不同地点的团队成员参加的培训会议，就是虚拟团队培训会议。虚拟团队代表了组织改革的新模式和新方向。随着 21 世纪现代通信技术、信息技术的进一步成熟，各个领域的虚拟团队必将如雨后春笋般地出现。虚拟团队要达到预期的效果需要实现三个条件：团队目标、拥有成熟的团队管理能力的核心人物和技术链（Link）。技术链由三大系统构成：桌面视听系统（Desktop Vide a Conferencing Systems）、合作软件系统（Collaborative Software Systems）、网络系统（Internet/Intranet Systems）。当前西方几乎所有的跨国公司都建立了虚拟团队并对组织成员进行网上培训，组织中的效率得到了极大的提高。

综上所述，团队的形成实际上是源于各种组织不断改造的需要。从实践看，当前学习型团队正在进行理论准备和实际构造当中，具体表现如下：

（1）流程再造为学习型团队组织准备内部工作程序。流程再造就是改变个体组织建立在个人基础之上的工作流程，代之以团队工作流程。

（2）第五项修炼为学习型团队组织准备团队建设方法。流程再造为团队准备的是静态工作程序，其完成则需要相应的团队。对于如何建设团队，第五项修炼从心智模式入手，通过团队学习超越自我，形成系统思考，对此问题做了十分有益的探讨。同时，第五项修炼也为学习型团队组织的成功运行做了文化、观念和方法上的准备。

（3）合作化趋势为学习型团队组织准备了思想基础。团队与团队或组织与组织间的合作是学习型团队作为一种基本组织单元运行所必需的思想和方式。

二、学习型团队的定义和特征

（一）学习型团队的定义

团队作为群体的一种特殊的形式大致经历了由传统团队到学习型团队的演变过程。

1. 传统团队

传统团队是指在传统的工业企业中曾经采用过的工作群体，它是介于组织和个人之间，由共同目标联系在一起，成员间有直接与稳定的交往和心理依附关系，具有集体归属感，受其他成员及整体影响的一群人。传统团队实际上是我们通常所说的工作团队，它是一种个人之间的松散联盟，是一个不太强调合作的小型群体。

上述的传统团队一般是指为了达到特定的目标由两个或两个以上的个人所组成的，相互影响、相互依赖的人群结构。团队是一个整体，是建立在其成员相互依存和相互作用的基础上，并有着特定目标的整体，它实际上就是管理心理学中所称的小群体，像班、组、工段、流水作业线、生产线、科室、实验室等。人数可以从 5~6 人至 50~100 人不等。心理学研究表明，传统团队具有以下特征：

（1）各成员相互依存，在心理上意识到对方的存在，意识到其他成员的存在，并有"我们同属于一群"的心理感受。

（2）各成员在心理上相互依赖、相互影响，行为上具有互补性，即成员表现出团队分工所需要的行为，而各成员的行为组成一个完整的系统。

（3）各成员在心理上的认同和在行为上的相互依赖、相互影响是为了本团队的共同目标，这个目标是团队中某个成员单独行动所无法或很难达到的，因而要由全体成员协同努力才能实现。

（4）团队的成员对团队具有集体意识或归属感，意识到自己是团队的一员，是整体中的个体，在团队中占有一定的地位，扮演一定的角色，担任一定的职务，负有一定的责任。

（5）团队本身相对独立，并且有自己的行为规范和行动计划。

2. 学习型团队

学习型团队在 20 世纪 80 年代盛行于日本，90 年代在美国流行开来。这时团队已演变成现代意义上的团队，并逐渐成为一种理论流派。关于学习型团队的概念，主要有以下四种：

（1）德鲁克（Peter F. Drucker）认为，团队是一些才能互补并为负有共同责任的统一目标和标准而奉献的少数人员的集合。他认为团队的本质特征包括：团队的核心是共同奉献；成功的团队将他们的共同目标影射为具体的工作要求；退货减少 50% 或者将毕业班的成绩由 40 分提高到 95 分；具体目标与整体目标有联系。

（2）劳伦斯·霍普（Lawrence Holpp）认为，团队是一些小的工作组（通常由 4~20 人组成）。它们在职责和权限范围内管理自身的日常工作职能。团队成员协同工作，决定工作的最终目标，分担工作任务并参加全面培训。他认为，学习型团队主要包括自我管理团队和高效工作团队。在他看来，自我管理团队是指一定数量员工的集合。他们可以根据授权，做出某些工作决定。有时他们可以在很少监督的情况下，自主招聘、分发奖金或增加工资、奖惩、解聘或采取其他传统上由监督者决定的行动。高效工作团队是在特定职责和权限内行动，着眼于提高工作成绩的一定数量的员工的集合。前者能够在较少监督的情况下运作并做出一些重要决定，后者则致力于在特定职责和权限范围内提高工作成绩。

（3）D.赫尔雷格尔等认为，一个团队是指一群为数不多的雇员，他们的知识、技能互补，他们承诺于共同的行为目标，并且保持相互负责的工作关系。任何团队的核心是由其成员为他们共同的绩效而分享的一种约定。团队的目标可以具体到对客户进行 24 小时全程服务，也可以是一种在未来六个月中把出错率降低 20% 的质量管理。D.赫尔雷格尔等把团队分为机能团队、问题解决团队、交叉机能团队和自我管理团队四类，而且还提出了虚拟团队的概念。

（4）最有代表性的是乔恩·R.卡曾巴赫（Jon R. Katzenhach）在其著作《团队的智慧》中所给出的概念：团队就是由少数有互补技能，愿意为了共同的目的、业绩目标和方法而相互承担责任的人们组成的群体场。

综合上述研究，结合我国企业的具体实际，我们给学习型团队一个如下定义：学习型团队是介于组织和个人之间的人数较少、有共同目标和责任、有一定程度授权、成员角色多元化并不断学习的特殊群体。

为了进一步区分传统团队和学习型团队，我们根据团队发展的演变规律建立了一个"学习型团队发展连续体模型"，作为本研究的理论和逻辑起点。

（二）团队发展的连续体模型

作为现代企业组织变化结果的团队形式，上述传统团队和学习型团队两种形态在当今企业中普遍并存，传统团队和学习型团队是一个连续体的两极。按团队的相互依赖程度和共性多少建立一个"传统团队—学习型团队连续体"模型，如图 6-1 所示：

图 6-1　传统团队—学习型团队连续体模型

在传统的团队中，团队及团队精神通常是随意性很强的——没有培训，没有评估方法，缺少资源——或者说更多地强调人际关系问题，即我们融洽共处的方式、沟通的风格和共同的利益。在这类团队中，很少有人去关注团队发展的真正原因。

表6-1对照了传统企业和现代学习型企业里一些工作要素的特点。在现代的"新型企业"或称"学习型组织"中，团队的作用大得多。它是组织自身的要求而不是由团队管理人员的兴趣决定的。

表6-1 传统企业和学习型企业中的团队

工作要素	传统企业	学习型企业
职位设置	一个对应一个职位	团队和协作
组织结构	垂直、层次较多	水平、层次较少
报酬	有规律地提高工资	基于业绩实行奖励工资制
决策	自上而下	共享
工作职位稳定程度	终身制	不确定
监督	严格监视	协调
顾客	抵触	合情合理
培训	无计划	与核心业务密切相连

我们不习惯把不同类型的团队作为一个连续体来看待，是因为我们常常把不同的团队作为一个个割裂的概念来思考。表6-2显示了传统团队和学习型团队的基本差异。

表6-2 不同类型团队的基本差异

	传统团队	学习型团队
目标	融洽共生	提高业绩
领导方式	正式任命的领导	轮流制或项目领导
级制	较高层级或专业层级	所有层级
评估手段	我们感觉如何	我们做得怎样
培训	团队建设小组，处理人际关系的技巧，个人成长	团队技能，质量工具，沟通技巧
与固定职位关联度	很少/没有	新职位名称和功能
报酬	有规律地提高工资或发放奖金	基于团队业绩和团队整体绩效
时间跨度	临时性	永久性
成绩评估	个人	团体
员工关系	日常工作质量	对于团队的结构和业务需要

从表 6-2 中我们可以看出，传统团队主要注重团队协作，而学习型团队在注重团队协作的同时更注重业绩。图 6-2 详细地显示了传统团队向学习型团队发展的连续统一过程。

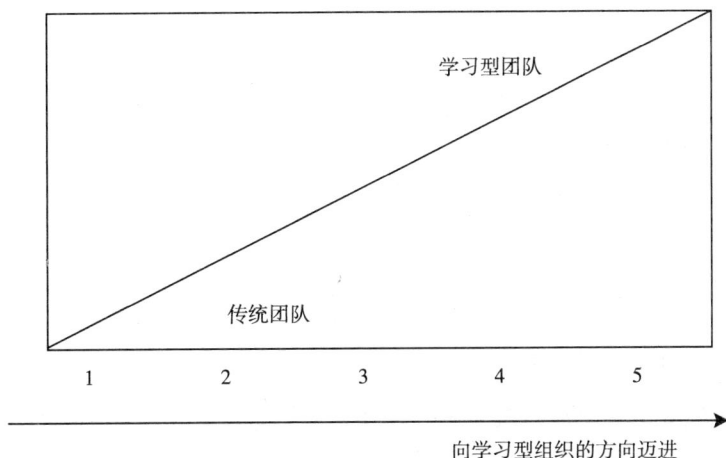

图 6-2　团队发展的连续统一体

注：1=领导者负责日常运作并亲自做出影响团队的多数决定；2=领导者对团队效益及质量负责，但团队负责处理所有日常工作任务；3=团队负责日常效益和质量并从事组织和计划工作；4=团队不仅组织自己的工作，而且对每一位成员的行为及生产效率负责；5=团队处理自己所有工作任务的同时，也承担大部分行政管理和人力资源职能。

（三）学习型团队内外部行为的三个特征

传统团队有着更为广泛的外延，学习型团队则有着更为丰富的内涵。在传统团队中，团队成员完成一定的任务，并以自己的任务和行为影响着其他成员。而学习型团队的含义不仅如此，它还更多地体现出团结、合作、参与、共同目标等精神象征，学习型团队一定是一个正式的工作群体，但并不是任何一个正式工作群体都可以称为学习型团队。一群在一起工作的人，尽管他们很友好，但是各自完成着自己的任务，这也只是一个工作群体或传统团队，而不是一个学习型团队。学习型团队及其运作方式与传统团队有所不同，它往往是跨功能、跨部门，由不同背景的人组成的协作体，通过互相补充、相互激发各自的潜力而完成特定的任务。

作为次级组织的学习型团队，其特殊的行为方式体现了下列应有的性质：

（1）团队行为的能力交易性质。在一个以团队为基础的组织中，团队之间的结合是建立在平等的合约关系上，结合在一起是为了能力（或功能）互补或扩增。因此，团队行为首先是能力"交易"行为，这里的"交易"并非指一个团队将其"能力"卖给另一个团队，而是指双方能力相互结合使用、互为对方提供服务的过程。团队对外行为的能力交易性，是团队与团队的能力结合；团队对内行为的能力交易性，则指团队内成员之间的知识与能力的结合。

（2）团队行为的协作性质。团队作为次级组织，其对外行为不是表现得伪装、隐藏（如卫士活动）以骗取或索取资源（如特使活动），而是作为平等的交易主体，以自身的"交易"价值赢得交易伙伴，获得补足的其他能力。这一过程的实质在于，团队在其群体内的行为是协调性的，而非从属性的、互斥性的。团队正是靠它在协作中为其他团队提供价值，来实现自身行为的实际价值。团队对内行为亦有此性质，团队成员同样是靠自身在协作中为其他队员贡献的价值来获得本身行为的应有结果。

（3）团队行为的自主性。自主性主要表现为自主决策和自我管理，也是学习型团队的最高形式（如自我管理团队）。团队是一个次级组织，那么它的行为必然是自主性的，而那些不能给团队以自主性的组织（指非团队基础组织），事实上与团队的性质相悖，其结果不可能实现团队价值的最大化。自主性同样适用于团队对内行为。

三、团队建立的方法与发展阶段

在了解和掌握了传统和现代团队以及团队学习后，就该探讨团队建立的方法了，共有五种：人际交往法、角色界定法、价值观法、任务导向法和社会认同法。

人际交往法强调团队成员之间进行交往的方式，目的是确保团队成员以诚实的方式交往。角色界定法勾勒出了多种角色模式和群体过程，目的是使个人清醒地认识到员工个人所做贡献的类型。价值观法强调团队拥有价值观念的重要性，所有成员都应拥有这些价值观，在工作中，着力于培养共同的团队价值观，这样，就能以一贯的同样的方式指导每个团队成员的行为。任务导向法是通过某个任务或者某个目的而组建临时团队，具有较强的专业性或者综合性的特点。社会认同法是通过有效的交流来提高团队的凝聚力，通过展示团队成就和职业化鼓励成员为自己的团队感到自豪。

如同每个人在人生之路上所走的路各自不同一样，每个团队都会以不同的建立方法经历五个发展阶段：组建期、激荡期、规范期、执行期和休整期。

（一）组建期

在一个组织中组建团队一般有两种可能：一是建立以团队为基础的组织，即以团队为整个组织的运行基础；二是在组织中有限的范围内或在完成某些任务时采用团队的形式。其特点是，团队的目的、结构、领导都不确定。团队成员各自摸索群体可以接受的行为规范。当团队成员开始把自己看作是团队的一员时，这个阶段就结束了。

在这个阶段，主要应完成以下两方面的工作：一是形成团队的内部结构框架；二是建立团队与外界的初步联系。

1. 形成团队的内部结构框架

团队的内部结构框架主要包括团队的任务、目标、角色、规模、领导、规范等。在其形成过程中，下列问题是我们必须要明白的。

（1）是否应组建这样的团队？

（2）团队的任务是什么？

（3）团队中应包括什么样的成员？

（4）成员的角色分配如何？

（5）团队的规模多大？

（6）团队生存需要什么样的行为准则？

2. 建立团队与外界的初步联系

主要包括：

（1）建立起团队与组织的联系。

（2）确立团队的权限。

（3）建立对团队的绩效进行考评、对团队的行为进行激励与约束的制度体系。

（4）建立团队与组织外部的联系与协调的关系，如建立与企业顾客、企业协作者的联系，努力与社会制度和文化取得协调等。

在团队组建之初，团队成员比较关注所要做的工作目标和工作程序。

在人际关系的发展方面表现为：成员之间相互了解和相互交往，彼此呈现出一种在一起的兴趣和新鲜感受。所有团队成员需要明白的是"人们对我的期望如何，我如何才能融入团队，我们该做什么，有什么规矩"。

在行为方面则可能表现为：在完全了解情势之前，不会轻易投入；承受着可能的对个人期望的模糊和不确定状况；保持礼貌和矜持，至少一开始不表现出敌视态度等。

（二）激荡期

团队经过组建阶段后，隐藏的问题逐渐暴露，团队内部冲突加剧，虽然说团队成员接受了团队的存在，但对团队施加给他们的约束，仍然予以抵制。在这一阶段，热情往往让位于挫折和愤怒。抗拒、较劲、隐忍是常有的现象，那些团队组建之初就确立的基本原则可能像飓风中的大树一样被打倒。这个阶段之所以重要，是因为如果团队成员可以安全通过的话，出现在面前的就不再是支离破碎的部分，而是团队本身了。

激荡包括成员与成员之间、成员与环境之间、新旧观念与行为之间三方面的激荡。

1. 成员与成员之间的激荡

团队进入激荡期后，成员之间由于立场、观念、方法、行为等方面的差异必然会产生各种冲突，工作行为、任务目标、工作指导等统统忘却于脑后。此时，人际关系陷入紧张局面，甚至出现敌视、强烈情绪及向领导者挑战的情况。其结果是，一些人可能暂时回避，一些人准备退出。

2. 成员与环境之间的激荡

（1）这种激荡体现在成员与组织技术系统之间的激荡。如团队成员在新的环境中可能对团队采用的信息技术系统或新的制作技术不熟悉，经常出差错。这时最紧迫的是进行技能培训，使成员迅速掌握团队采用的技术。

（2）成员与组织制度系统之间的激荡。在团队建设中，组织会在其内部建立起尽量与团队运作相适应的制度体系，如人事制度、考评制度、奖惩制度等。但是，由于这些制度是在组织范围内制定和实施的，相对于小范围的团队来说未必有效，也就是说，针对性差。所以制定适应团队发展的行为规范已迫在眉睫。

（3）团队成员与组织其他部门之间的关系磨合。团队在成长过程中，与组织其他部门要发生各种各样的关系，也会产生各种各样的矛盾冲突，需要进行很好的协调。

（4）团队与社会制度及文化之间的关系也需要协调。

3. 新旧观念与行为之间的激荡

团队在激荡期会产生新旧观念、行为之间的激荡。在传统组织中进行的团队建设将不得不面临着一系列行为方式的激荡与改变，在这一过程中，团队建设可能会碰到很多阻力。例如，成员可能会因为害怕责任、害怕未知、害怕改变等而拒绝新的团队行为方式，领导也可能会因为可能的权力变小而拒绝许诺等。这时需要运用一系列手段来促进团队的成长。

（三）规范期

经过一段时间的激荡，团队将逐渐走向规范。在这个阶段中，团队内部成员之间开始形成亲密的关系，团队表现出一定的凝聚力。这时会产生强烈的团队身份感和友谊关系，彼此之间保持积极的态度，表现出相互之间的理解、关心和友爱，并再次把注意力转移到工作任务和目标上来，大家关心的问题是彼此的合作和团队的发展。团队成员对新的技术、制度也逐步熟悉和适应，并在新旧制度之间寻求某种均衡。团队与环境的关系也逐渐理顺。

在新旧观念的交锋中，新型的观念逐渐占据上风，并逐渐为团队成员普遍接受。总之，团队会逐步克服团队建设中碰到的一系列阻力，新的行为规范得到确立并为大家所信任。

在这一阶段，团队面临的主要危险是团队的成员因为害怕遇到更多的冲突而不愿提出自己的建议。这时的工作重点就是通过提高团队成员的责任心和权威，来帮助他们放弃沉默，给团队成员新的挑战以显示出彼此之间的信任。

当团队结构稳定下来，团队对于什么是正确的行为基本达成共识时，这个阶段就结束了。

（四）执行期

"养兵千日，用兵一时"。在这个阶段，团队结构已经开始充分地发挥作用，并已被团队成员完全接受。团队成员的注意力已经从试图相互认识和理解转移到充满自信地完成手头的任务。至此，人们已经学会了如何建设性地提出不同意见，能经受住一定程度的风险，并且能用他们的全部能量去面对各种挑战。大家高度互信、彼此尊重，也呈现出接受团队外部新方法、新输入和自我创新的学习性状态。整个团队已熟练掌握如何处理内部冲突的技巧，也学会了团队决策和团队会议的各类方法，并能通过团队追求团队的成功。在执行任务过程中，团队成员加深了解，增进了友谊，除了高度的相互信任外，还可以退后一步，让团队显示自己巨大的能量。

（五）休整期

在休整期，对团队而言，有以下三种可能的结局：

1. 团队解散

为完成某项特定任务而组建的团队，伴随着任务的完成，团队也会因任务的完成而解散。此时，高绩效不是压倒一切的首要任务，注意力许诺到了团队的收尾工作。这个阶段，团队成员的反应差异很大，有的很乐观，沉浸于团队的成就中，有的则很悲观，惋惜在共同的工作团队中建立起的友谊关系不能再像以前那样继续下去。

2. 团队休整

对于另外一些团队，如大公司的执行委员会在完成阶段性工作任务（如一年为周期）之后，会开始休整而准备进行下一个工作周期，此间可能会有团队成员的更替，即可能有新成员加入，或有原成员流出。

3. 团队整顿

对于表现差强人意的团队，进入休整期后可能会被勒令整顿，整顿的一个重要内容就是优化团队规范。在这里，皮尔尼克提出的"规范分析法"很值得我们借鉴。

（1）明确团队已经形成的规范，尤其是那些起消极作用的规范，如强人领导而非共同领导、个别负责任而非联合负责任、彼此攻击而非互相支持等。

（2）制定规范剖面图得出规范差距曲线。

（3）听取各方面的对这些规范进行改革的意见，经过充分的民主讨论，制定系统的改革方案，包括责任、信息交流、反馈、奖励和招收新员工等。

（4）对改革措施实现跟踪评价，并做出必要的调整 。

四、学习型团队中的学习

（一）团队学习的概念

团队学习是"组织学习"的一个方面，其概念是阿吉瑞斯（Chris Argyris）等人于 20 世纪 70 年代中期提出来的。他认为组织学习是"发现错误，并通过重新建构组织的'使用理论'（Theories-in-Use）（人们行为背后的假设，却常常不被意识到）而加以改正的过程"。自那以后，这个概念就不断得到发展。Fulmerz 在《组织学习之父——与阿吉瑞斯的对话》一书中进一步把这个定义发展为"组织学习是通过理解和获得更丰富知识来提高行为能力的过程"；学习型组织理论的倡导者彼得·圣吉则认为组织学习是管理者寻求提高组织成员理解和管理组织及其环境的能力和动机水平，从而使其能够决策如何不断提高组织效率的过程。

学习是学习型团队的本质特征。正如人需要学习一样，团队也需要学习。事实上所有的团队组织确实也一直在学习，当然有的公司做得比较好，像国际著名企业施乐公司等。通过学习，人们可以重新创造自我，重新认识这个世界。团队组织的学习也是如此，组织可以为适应与生存而学习，但却不能永远停留在这个层面上。阿吉瑞斯认为："大部分的管理团队都会在压力下出现故障，团队对于例行的问题可能有良好的功能，但是当遭遇到使人感到威胁与困惑的复杂问题时，团队精神似乎就丧失了。"因此，团队必须要学会进行开创性的学习。

团队的学习不同于个体的学习。它是组织全体成员在组织运行过程中，通过实践、互动和创造来进行的团队学习。传统的组织也有培训，但基本只是为了适应和生存，其结果也仅提高了作为个体的组织成员的能力和素质。因此团队学习不能停留在个体学习的层面上，个体学习必须让位于团队的学习，才能不断提高团队的学习能力。

在团队学习中，学习、知识共享、提高员工的素质将是团队的一项重要职能和目标，团队会开展经常性的培训以及团队学习活动。在学习型团队中，学习已经内化为团队的日常行为，融入团队的血液之中。主动学习、自觉学习将代替被动学习，制度性学习、系统化学习将代替零星式学习。

（二）团队的学习方式

学习型团队作为一种先进的高效的组织形式，最重要的一个表征就是团队学习。研究学习型团队的学习方式是我们的一项重要任务。已有的研究从不同的角度对团队学习的方式产生了三种代表性的流派：第一，从团队学习的深度上将其划分为单环学习、双环学习和三环学习；第二，从团队如何创造不同类型的知识，并在不同群体水平之间进行转化的角度提出团队学习的四种模式；第三，从学习发生的过程角度提出团队学习的全过程模型。

1. 不同深度的团队学习：单环学习、双环学习

不少研究者都据此对团队学习的方式进行了分类，如表 6-3 所示。其中最有代表性的是阿吉瑞斯等人提出的分类方式：单环学习和双环学习。其他均与之类

似，只是名称不同。因此，我们以阿吉瑞斯的理论为基础进行分析。

表6-3　不同学者对组织学习方式的分类

阿吉瑞斯 （Argyris）	彼得·圣吉 （Senge）	雪恩 （Schein）	莫吉 （Moingeon）
单环学习 （Single Loop Learning）	适应型学习 （Adaptive Learning）	维持型学习 （Maintenance Learning）	学习如何做 （Learning How）
双环学习 （Double Loop Learning）	产生型学习 （Generic Learning）	变革型学习 （Innovative Learning）	学习为什么 （Learning Why）

阿吉瑞斯将组织学习的方式分为单环学习和双环学习，如图6-3所示：

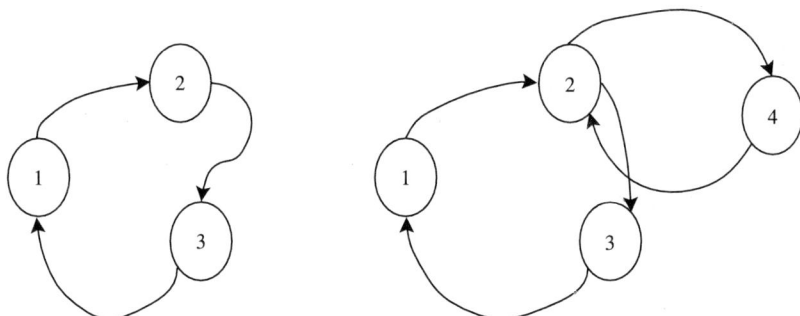

图6-3　单环学习和双环学习示意

注：1：感知、监测环境的变化。
　　2：将所获取的信息与企业规范和目标进行比较。
　　3：对行动进行改进。
　　4：思考企业规范与目标的正确性。

（1）单环学习（Single Loop Learning）。单环学习是将团队动作的结果与团队的策略和行为联系起来，并对策略和行为进行修正，以使团队效能保持在团队规范与目标规定的范围内。而团队规范与目标本身，如有关产品质量、销售额或工作绩效的规范则保持不变。显然，单环学习只有单一的反馈环，它是在当前的系统和文化框架下去提高组织的能力，完成已确定的任务和目标。这种学习的目标是适应环境、取得最大效率并延长团队组织生命，学会如何在相对稳定的环境下生存下去。如果一个团队的目标是利润最大化，单环学习就是使团队学习如何不断地调整自己的行为从而使团队目标或利润达到最大。但单环学习并不对组织的目标本身发生质疑，即为什么要利润最大？这对团队的长远发展是不是最好？所以，单环学习在短期内会促进团队达到自身认为的理想水平，但在长期是不够的。例如，我们可以设想一个长期只追求利润最大化的团队是没有发展空间的，甚至可能被引向误区导致灭亡。所以，要使团队长期健康地发展下去，团队还要进行双环学习。

（2）双环学习（Double Loop Learning）。双环学习是重新评价团队组织目标的本质、价值和基本假设。这种学习有两个相互联系的反馈环，它们不仅要发现与良好的绩效有关的策略和行动的错误，而且还要发现规定这些绩效的规范的错误。当团队目标从自身利润最大转向更多地满足用户需求时，团队的双环学习就发生了。由于双环学习对团队的价值观和目标等基本问题提出了挑战，可能会导致团队的经营战略和行为的巨大变动。所以，也有人将它称为"变革型学习"。

单环与双环学习对团队学习都很重要，它们适用于不同的环境。团队要学会在不同的情况下进行不同深度的学习。但双环与单环学习的划分不是一成不变的，两者可以同时发生。

2. 团队学习中知识的创造与转化：四种模式

日本学者野中和竹内认为，团队学习也是团队内获取、创造和传播知识的过程。他们首先将知识分为隐性知识（Tacit Knowledge）和显性知识（Explicit Knowledge）两种。隐性知识是存在于团队个体的、私人的、有特殊背景的知识，即团队中每个人所拥有的特殊知识，它依赖于个人的不同体验、直觉和洞察力。显性知识是指能在个人间更系统地传达、更加明确和规范的知识。然后，他们将团队学习描述为以下过程，如图 6-4 和表 6-4 所示。

团队学习是从个人间共享隐性知识开始的（社会化）。隐性知识在团队内共享后经整理被转化为显性知识（称为外在化）；团队成员共同将各种显性知识系统地整理为新的知识或概念（称为合并）；团队内的各成员通过学习团队中的新知识和新概念，并将其转化为自身的隐性知识，完成了知识在组织内的扩散（内在化）；拥有不同隐性知识的团队成员互相影响，完成了社会化的过程。此后，新一轮的团队学习循环又开始了。

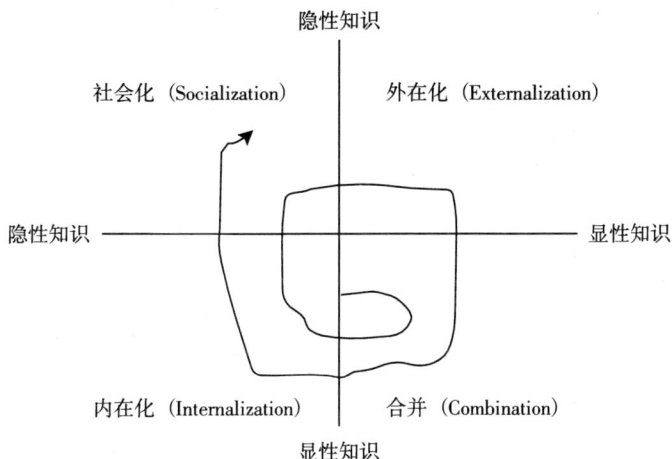

图 6-4 知识转换的四种模式

表 6-4 知识转换的四种模式中知识的变化

转换过程	知识变化
社会化	从隐性知识到隐性知识
外在化	从隐性知识到显性知识
合 并	从显性知识到显性知识
内在化	从显性知识到隐性知识

3. 团队学习的过程模型

团队学习的过程模型用来描述团队学习的所有过程和步骤。其中被广泛接受的模型是由阿吉瑞斯和雪恩（Schein）在 1978 年提出的。如图 6-5 所示的模型中，团队学习由四个过程组成：发现（Discovery）、发明（Invention）、执行（Production）和推广（Generalization）。

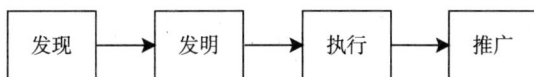

图 6-5 团队学习的全过程模型

因此，团队要作为一个整体成功地学习，必须完成四个阶段。"发现"包括发现组织发展的潜在问题或环境中的机遇，如通过对外部环境的审视和预测来发现机遇与挑战，或者发现内部生产系统的结构缺陷。在"发明"阶段，团队应着手找出解决问题的方法。解决方法在"执行"阶段得到有效实施，即转化为新的或修改了的运作方法、组织机构或报酬系统。然而，即使成功实施了的新程序也不足以保证学习发生在组织水平上。组织必须从学习中获益，学习必须传到组织内所有相关区域。学习不仅应从个人水平上升到组织水平，还必须贯穿组织边界，扩展到其组织，这就是"推广"。

（三）学习型团队中的深度汇谈技术

研究表明，团队学习是提高团队成员互相配合、整体搭配以实现共同目标和能力的学习活动及其过程。当团队真正在学习的时候，不仅团队能整体产生出色的成果，个别成员成长的速度也比其他的学习方式更快。但是，在现实生活中，多数团队未能实现整体搭配。这是因为在团队内部，个人可能格外努力，但他们的努力未能有效地转化为团队的力量，结果许多个人的力量被相互抵消掉了。当一个团队能够整体搭配时，就会朝着共同的方向，调整个别成员的力量，而使成员之间力量的抵消或浪费减至最小，发展出一种共鸣或综合效果，就像凝聚成束的激光，而非分散的灯泡光。团队的目标将会一致，团队拥有共同愿景，团队成员知道如何取长补短。深度汇谈（Dialogue）是团队学习的一项基本技术。

深度汇谈的理论和方法是由美国杰出的量子物理学家鲍姆（David Bohm）提出来的。鲍姆认为，人的思想是一个集合体，它不但受个人经验的影响，也受环境中人、事、物的影响。思考本身是松散的、不严谨的或不一致的。因此，必须学习如何与人、事、物进行交流，深度汇谈的目的在于使团队智慧超过个人智慧的总和。

在深度汇谈时，大家以不同的观点探讨复杂的议题，每个人都摊出自己心中的假设，并自由交换各自的想法。在一种无拘无束的探讨中，人人将深藏内心的经验与想法完全浮现出来，而不是害怕别人知道自己的想法。

深度汇谈的目的是要超过任何个人的见解，而非赢得对话。如果深度汇谈进行得当，人人都是赢家，个人可以获得独自思考无法形成的见解。这样，团队便可以进入一种个人无法单独进入的、较大的"共同意义的汇集"，它是由整体来架构各个部分，而不是设法将各个部分拼凑成整体。

五、如何进行团队学习

（一）潜在的团体智慧

波士顿赛尔提克篮球队的球员罗素（Bill Ruesell）曾经如此描写他们的球队："就像其他专业领域一样，我们也是由一群专家组成的团体，我们的表现依靠个人的卓越以及团体的良好合作。我们都了解彼此有互相补足的必要，并努力设法使我们更有效地结合……然而有趣的是，不在球场上时，按照社会的标准来看，我们多数是古怪的，绝不是那种能跟别人打成一片，或者刻意改变自己来迎合别人的人。使球队打起球来与众不同的，不是友谊，而是一种团体关系。大伙儿在球场上的配合，使团体产生登峰造极的演出，那种高度的默契，难以用笔墨来形容，几乎像慢动作般的清楚，任何神奇的妙传或投射都可以发挥到不可思议的境界。"

罗素所属的球队（在 13 个球季中得过 11 次 NBA 总冠军）呈现出一种我们称为"整体搭配"（Alignment）的现象，即一群人良好地发挥了整体运作的功能。然而在多数的团体里，成员各自朝向交错的目标努力。如果我们为这种团体画一幅图，看起来可能像图 6-6。

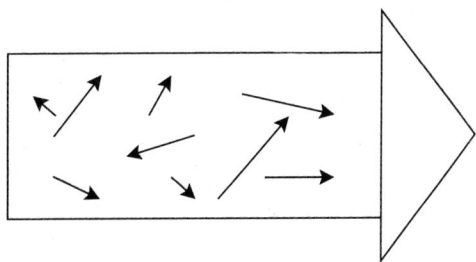

图 6-6　未能整体搭配的团体

未能整体搭配的团体，许多个人的力量一定会被抵消浪费掉。个人可能格外努力，但是他们的努力未能有效地转化为团体的力量。当一个团体更能整体搭配时，就会汇聚出共同的方向，如图 6-7 所示，调和个别力量，而使力量的抵消或浪费减至最小，发展出一种共鸣或综效，就像凝聚成束的激光，而非分散的灯泡光，它具有目的一致性及共同愿景，并且了解如何彼此取长补短。

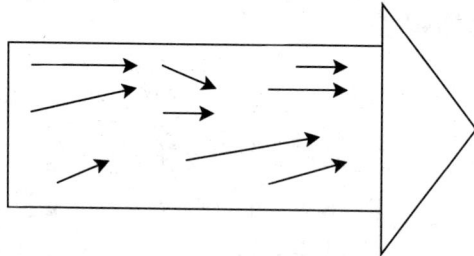

图 6-7 整体搭配的团体

当然，这也不是指个人要为团体愿景而牺牲自己的利益，而是将共同愿景变成个人愿景的延伸。事实上，要不断激发个人能量，以使团体力量提高的大前提，是要先做到整体搭配。在团体中，如果个人的能量不断增强，但是整体搭配的情形不良，只会造成混乱，而使团体的管理更加困难，如图 6-8 所示。

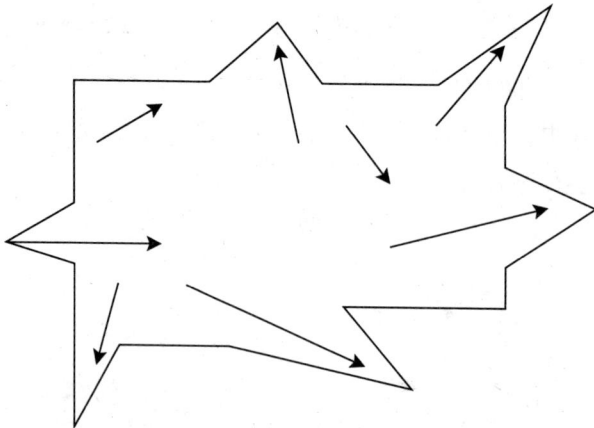

图 6-8 不断激发个人能量而整体搭配不良的团体

案例

在 1991 年海湾战争的时候，很多军人预测美军会重蹈苏联在阿富汗的覆辙，然而 38 天后的结果证明他们错了。美军的学习型组织建设就是一个隐性武器！学习过程我们可以分为事前学习、事中学习、事后学习三种，下面的案例主要介绍美军是如何开展事后学习的。

在路易斯安那的蒲科堡垒美军训练基地，几个身着迷彩装、面涂土色颜料的士兵正在散兵坑的旁边热烈地讨论，四周硝烟弥漫。这是美军在执行自己的学习过程 AAR——一项关于如何评估自己成绩的称作"行动后评论"的美军标准学习过程。美军上校沃瑞·纳戈这样解释行动后评论："它是在军队行动结束时，参与者立即集合在一起，可能在山坡上、教室里、树荫下来讨论'我们开始打算做什么？我们实际做了什么？为什么有差异？'""现在我们的要点是如何改进一些薄弱点，并且对仍需要很好调整的地方做进一步改善。"费茨基拉德上校在一次评估会中说。

常言道，一个错误第一次犯是错误，第二次犯是失误，第三次犯就是愚蠢！而军队的错误更是无法容忍的，因为都知道它意味着什么。AAR 系统实际是帮助军队不重犯错误的，目标是确定我们做出了什么成绩，并需要保持下去，找出失败之处，必须进一步提高。

AAR 的过程已经标准化。根据分工，主持者把任务分解下来。他把问题落实给任务中每一步的人员，最初的意图是什么？实际完成了什么？我们怎样保持我们的成就，改正失误？AAR 形成三个明显特征：一是持续，在完成每项任务后，每一个分队，不论它位于何种层次都要始终如一地执行 AAR（AAR 分为低级和高级两种，低级的 AAR 包括这个分队里的每一个步兵；高级的 AAR 只包括上尉、正职官员（Majors）、副职官员（Lieutenant）和团长（Colonels）——军队的中级管理者）。二是记录，在 AAR 中形成的结论和决定总是由一个指定的人来记录。军人依靠自己来使用他们所学到的知识。三是风气，AAR 要求一种特别的风气，即坦率，人们可以很自由地承认自己的错误，也能自由地批评他们上司的行为。为了鼓励坦率，AAR 的记录是和军队人员的评估系统分隔开的，在 AAR 上承认错误不会损害军人的职业生涯。相反，不太诚实或者隐瞒事实倒是美军军人生涯毁灭的原因。

1994 年，美军在海地执行维和任务时最终测试了 AAR 系统。置身于一个变化的环境里，并且受维和制度所约束，这一切迫使美军发展了一套全新的技能。就像一个公司突然进入一个新市场，美军当时面临着许许多多未知的情况。没有选择，只有行动，然后尽可能多地从中学习。为了加快学习速度，部队认真贯彻 AAR。

迈克尔·崔瀚上校是空军中队指挥官，他清楚地记得在海地每一次军事行动都执行 AAR。其中一些只是手写的、潦草的，例如，如何跟踪通过交通控制点的车辆，如何填写关于日常事件的行动日志。每一个指挥官执行了一个特定的任务后要写出来：军事行动的概念、结果、趋势、建议、维持、改进。

在海地每周都会产生许多记录，中层官员的工作是从中提取精华并形成学习材料。然后按照两个途径传播这些信息，一是平级分发，发给其他分队的对应中层官员，二是垂直传播，传给高层军官，最后形成在全军分发的学习材料。

5 个月后，当第二批部队到达时，他们拥有了第一批部队总结的所有知识。半年后他们回到自己的国家时，师长说："我们到达之前训练了第一批军队总结的 24 个主要经验。在海地，我执行了训练的 24 个情节中的 23 个，唯一没有执行的一个是对付恐怖分子的攻击！"

除此之外，美军创造了军队课程学习中心，或称 CALL，总部设在堪萨斯州的伦温沃斯。CALL 是军队"从做中学"的神经中枢，它的 28 个成员以最低的代价服务着 50 万军人的学习需要。它派遣有经验的观察员小组到全世界的动荡地区去收集信息。CALL 总部很快归纳这些信息，把关键的材料分发给军队指挥官等军队高级官员。

CALL 的工作就是收集信息和归纳、传播信息。CALL 有×人负责收集信息，实际上是信息收集主管，他们有时需要从各大军事院校请几十位各方面专家协助工作，这些人可能会分布在世界的各地采集信息，并将信息及时传回总部。其他人则是将收集到的各种信息进行分类，归纳成易于理解的形式，形成被称作"战场蓝本"的文件。这里把观察结果进行分类是一个标准化的体系，可以进行标准化的索引，像数据库一样便于查询。

纳戈是 CALL 的主任，他带领部下开发一个数据库通信系统，一个连队司令员在坦克里和敌人周旋接触中能够打开的数据库，在战场特定时刻如果他需要某一方面知识时可以查询该数据库。

在标准化所学课程后，CALL 立刻把它们提取出来，制作成许多产品，如时事通信和录像，军队以最快的速度将信息产品分发出去，保证信息不会因延迟而失去价值，从而能够被运用到战场上。

美军通过建立这种学习型组织，使得犯错误的可能性降低，并可以做好最充分的能力准备，极大地提高了作战能力。

"团体学习"是发展团体成员整体搭配与实现共同目标能力的过程。它是建立在发展"共同愿景"这一项修炼上，也建立在"自我超越"上，因为有才能的团体是由有才能的个人所组成的。但是只有共同愿景和才能还不够，世界上不乏由有才能之士所组成的团体，其成员虽然暂时共有一个愿景，却无法共同学习。伟大的爵士乐团的先决条件，虽是拥有才能出众的团员和一个共同愿景，但是真正重要的是这些音乐家知道怎样一起演奏。

（二）团体学习的三个面向

在组织内部，团体学习有三个面向需要顾及。

（1）当需要深思复杂的议题时，团体必须学习如何开发出高于个人智力的团体智力。这说起来容易，但组织中常有一些强大的抵消和磨损力量，造成团体的智慧倾向小于个别成员的才智。这些力量有许多是可由团体成员加以控制的。

（2）需要既具有创新性而又协调一致的行动。在一流的球队和爵士乐队中，常会发现这种既有自我发挥的空间，又能协调一致的方式。在组织中，杰出团体也会发展出同样的关系——一种"运作上的默契"。每一位团体成员都会非常留意其他成员，而且相信人人都会采取互相配合的方式行动。

（3）不可忽视团体成员在其他团体中所扮演的角色与影响。例如，高阶管理团体大部分的行动，实际上是通过其他团体加以实现。因而，一个学习型的团体，可通过团体学习的方法与技巧，不断培养其他的学习型团体。

虽然团体学习涉及个人的学习能力，但基本上它是一项集体的修炼。因而，强调个人正在精进的团体学习是没有意义的。

（三）解决团队学习中的深度汇谈

团体学习的修炼必须精于运用"深度汇谈"与"讨论"，这是两种不同的团体交谈方式。深度汇谈是自由和有创造性地探究复杂而重要的议题，先暂停个人的主观思维，彼此用心聆听。讨论则是提出不同的看法，并加以辩护。深度汇谈与讨论基本上是能互补的，但是多数团体缺乏区分及妥善运用这两项交谈技巧的能力。

团体学习也包括学习如何避开与上述这两种有建设性的交谈相反的巨大力量。其中首推阿吉瑞斯所称的"习惯性防卫"——那些使我们及他人免受威胁与窘困的习惯性互动方式，它将阻碍我们的学习。例如，在面对意见冲突时，团体成员往往不是折中妥协，就是争得你死我活。当解开学习性防卫的症结时，便可发掘出原先不曾注意的学习潜力。我们必须运用探询与反思技巧，让我们开始释放出这个能量，然后我们才能得以专注于深度汇谈与讨论。

由于系统思考的中心信念是"我们的行动造成现况"，因此特别容易挑起自我防卫。为了避免别人指控是自己的策略造成这些问题，团体可能因而抗拒采用更有系统性的方式来察看问题。许多团体口头上虽然拥护系统的观点，但实际上却从未付诸实践，从来不会用所有的心力来认真地检验自己的行动如何造成问题。系统思考需要一个真正成熟、能够深入探究复杂与冲突议题的团体才能实行。

一场讨论就像是球赛，通过参赛者所提供的许多看法，对共同感兴趣的主题加以分析和解剖。这样做本来应该有用，然而，一个比赛的目的通常都是要赢，这里所说的赢，是使个人的看法获得群体的接受。为了强化你自己的看法，你可能偶尔接受别人的部分看法，但是基本上你是想要使自己的看法胜过别人。然而，如果将胜利视为最优先，就无法将前后一致及追求真相视为第一优先。因此，我们需要一种不同的沟通方式，即"深度汇谈"，来改变这种优先顺序。

　　为了说明清楚，试以偏见为例。一个人一旦开始对某一类人有刻板的印象，这个想法就变成你行动的代理人，影响自己和这类人接触时的行为。然后对方的行为也会被你这种态度所影响。持有偏见的人，看不见偏见如何影响自己的所见和言行；如果看得见，那也就不是偏见了。偏见在思维运作的时候，总是无法被偏见的持有者察觉的。

　　深度汇谈便是一种帮助人们看清思维"代表"（Representative）与"加入"（Participatory）这两种本质的交谈方式，使我们对思维的不一致性更敏感，减少面对思维不一致时的不安。在深度汇谈中，人们变成自己思维的观察者。

　　我们可由深度汇谈中观察到思维是主动的。例如，在深度汇谈中，当冲突被摊出来时，我们很可能会感受到一种紧张状态，但是严格来说，紧张状态的来源是我们的思维。大家会说："事实上，冲突源自于我们的思维以及我们执着的方式，而不是源自于我们自身。"一旦看清思维"主动加入"的本质，大家便会开始将自己与思维分解，而对自己的思维采取更具创造性和较少被动反应的立场。

（四）深度汇谈——增进集体思维的敏感度

　　团队需要理解集体思维。在深度汇谈中的人也开始注意到思维的集体性本质。大多数思维的起源都是集体的，周围的每个人对自己的思维都有程度不同的影响，如语言完全是集体性的，如果没有语言，我们所知道的那些思维不可能存在。集体思维是一种过程，像是源源不断的水流，想法则像是浮在水流表面、被冲上两岸的叶子，是那个思维过程所产生的结果。我们收集这些叶子，而把它们当作自己的"想法"，因为我们没看到产生想法的集体思维之流，所以误以为想法就是自己的。

　　在深度汇谈中，人们开始看见在两岸之间流动的水流。他们开始加入这个可以不断发展和改变的、共同意义的汇集。鲍姆相信，我们平常的思维过程像是一个"网目很大的网子，只能留住水流中最粗、最大的要素"。而在深度汇谈中，一种超乎平日思维的敏感度发展出来，这个敏感度像一个网目很细的网，能够搜集思维之流中不易察觉的意义。鲍姆相信这个敏感度存在于真正智力的根部。

　　因此，集体学习不仅是可能的，而且对于发挥人类智力的潜能至关重要。通过深度汇谈，人们可以互相帮助，觉察彼此思维中不一致的地方，如此集体思维才能越来越有默契。我们很难在此为默契下一个简单的定义，因为它不是和谐、一致、有秩序等所能表达的。

然而，我们的重点不在于强求某种抽象的默契，而是在共同努力增加全体参与者对于所有可能形成的"不一致"的敏感度。矛盾和混乱或许是不一致的必然现象，但是最根本的不一致，还是在我们的思维上产生了不是真正想要的后果。

（五）有效的深度汇谈

深度汇谈有三项必要的基本条件：

1. 所有参与者必须将他们的假设"悬挂"在面前

"悬挂"假设的意思是，先将自己的假设"悬挂"在面前，以便不断地接受询问与观察。这并不是抛弃、压制或避免表达我们的假设，更不是指发表意见是一件坏事，或者应当完全消除主观意识，而是察觉和检验我们的假设。如果我们一味为自己的意见辩护，或未察觉自己的假设，或未察觉我们的看法是以假设而非事实为依据，我们就无从悬挂自己的假设。一个人一旦坚持"事情就是这样"，深度汇谈就被阻断。因此深度汇谈时，必须非常用心，因为"心智倾向于避免悬挂假设，而采用没有商量余地及非常肯定的意见，以使我们觉得必须为它辩护"。下面以一家成功的科技公司最高层管理团体的深度汇谈为例：

参加的主管都觉得公司内的研发部门与其他单位之间存在很深的歧见，这个歧见是由于该公司自创办以来，一直重视研究发展。该公司在过去三十年中，率先推出一连串轰动市场的创新产品，并成为该项产业的标准。产品创新是该公司市场声望的基础。因而，即使这个部门间的歧见造成了许多问题，还是没人有勇气把它提出来谈论。该公司长久以来十分珍惜它的技术领先地位，并且赋予具有高度创造能力的工程师追求自己产品愿景的自主性。当被要求谈论"悬挂所有的假设"时，营销主管问道："所有的假设？""是的，所有假设。"他得到肯定的回答，但是看起来很困惑。在接下来的谈话中，营销主管承认自己心中持有研发部门自视为公司得胜关键的假设，并由此他进一步假设这使研发部门漠视可能影响产品发展的市场资讯。研发部门经理这时表示，他也假设别人是这样看他，而令人意外的，他觉得这个假设限制了研发部门的效能。于是双方都认识到这些假设全是"假设出来的"，而不是经过验证的事实。结果，接下来的深度汇谈变得很开放，对一些看法进行不同的探讨，讨论之诚恳和深入是前所未见的。

但是，在深度汇谈中，悬挂假设必须集体去做。团体悬挂假设的修炼，可以让成员更清楚地看见他们自己的假设，因为此时可以把自己的假设跟别人的假设对照。鲍姆认为悬挂假设是件不容易做好的事情，这是因为思维本质的缘故。思维会不断地使你深信，事情原本就该如此。团体悬挂假设的修炼，是此种错觉的解毒剂。

2. 所有参与者必须视彼此为工作伙伴

团体的成员只有视彼此为工作伙伴，才能共同深入思考问题和进行深度汇谈。视彼此为工作伙伴很重要，因为在团体沟通的过程中，彼此的思维会不断地补足和加强。把彼此视为工作伙伴，能产生较好的互动。这看似简单，但是它能够使情况大为改观。

视彼此为伙伴，对于建立一种成员彼此间关系良好的气氛，以及消除深度汇谈时由于阶级差距所带来的障碍有所帮助。因为在深度汇谈中，人们确实觉得好像他们是在建立一种新的、更深入的了解。彼此视为伙伴，看似简单，却极为重要。我们跟伙伴与非伙伴的交谈方式不同。有趣的是，随着深度汇谈的进展，团体成员会发现，甚至跟那些原先与他们没有多大共同处的人，也发展出伙伴的感觉，其中，关键在于彼此视为伙伴的意愿。此外，将假设悬挂出来也常令人觉得不安，视彼此为伙伴可以减少这种不安的感觉。

工作伙伴的关系，并不是说需要赞成或持有相同的看法。视彼此为伙伴真正能发挥力量，反而是在看法存有差异的时候。虽然伙伴的感觉，在每个人都赞成的情况下较为容易产生；但如能在意见出现重大不一致的情况下，发展出此种视"反对者"为"意见不同的伙伴"的想法，则收获更大。

3. 必须有一位"辅导者"来掌握深度汇谈的要义与架构

缺乏熟练辅导者的情况下，过去的思维习惯会不断把我们拉向讨论，而拉离深度汇谈。尤其是在发展深度汇谈成为团体修炼的早期，我们习惯于将思维所代表的假设视为真相本身，相信自己的想法比别人的更正确，并怯于在众人面前将自己的假设悬挂出来；至于要将"所有的假设"都悬挂出来，更是令人感到不安。因此，辅导者功能应是：

（1）做好一个"过程顾问"（Process Faclltator）的许多基本工作；保持对话的进行顺畅而有效率。

（2）基于对深度汇谈的了解，可以通过参与去影响深度汇谈发展的动向。

当团体养成了深度汇谈的经验与技能，辅导者的角色渐渐变得不那么重要，或可以成为参与者之一。一旦成员深度汇谈的技巧养成了，团体就成为一种没有领导者的群体。在习惯于深度汇谈的社会中，通常不需要指定辅导者。例如，许多美国印第安族群，深度汇谈的修炼境界便已高达如此，其中巫医和智者各有他们自己的角色，但是群体能够靠自己开始进行深度汇谈。

这些条件可以降低彼此间意义流动的阻力，有助于群体内意义的自由流动。就像电路中的阻力会使电流产生热量、浪费能源，同样地，群体若以一般的方式运作时，也会像电路那样浪费能量。深度汇谈中会有一种"像超导体内的冷能源般"能够使本来可能造成意见不合的"热话题"（可能引起争议的话题），变成可以讨论的主题，甚而变成窥见更深入见解的窗户。

（六）交互运用深度汇谈与讨论

在团体学习之中，不可能任何事情都进行深度汇谈，否则否极泰来，过犹不及。因此，讨论是深度汇谈不可少的搭配。讨论是提出不同看法并加以辩护，这可能对整个状况提供有用的分析。深度汇谈则是提出不同的看法，以发现新看法。通常我们用深度汇谈来探究复杂的问题，用讨论来完成事情的决议。因此如果团体必须达成协议，并必须达成决定，讨论是需要的。在讨论之中，大家依据共同意见，一起来分析，以及衡量各种可能的想法，并由其中选择一个较佳的想法（也许是原来的想法之一，或是从讨论中得到的新想法）。如果具有成效，讨论将汇集出结论或行动的途径。相反地，深度汇谈是发散性的，它寻求的不是同意，而是更充分掌握复杂的议题。深度汇谈和讨论都能产生行动的新途径，如何行动通常是讨论的焦点，然而新的行动只是深度汇谈的一种副产品。

一个学习型的团体善于交互运用深度汇谈与讨论。二者的基本规则不同，目标也不同，如果无法加以区别，通常团体就既不能深度汇谈，也无法有效地讨论。

（七）组织中的隐形墙

为了认识团体习惯性防卫的影响是如何重大，这里以某公司成立不久的部门ATP产品的真实个案为例。

这是一家具有创新性、高度分权的公司。泰德33岁，为该事业部门总经理，对公司的"自由"与"地方自主经营"这两项价值观深信不疑，且笃实力行。他对本部门的ATP产品有强烈的信心，该产品是以新的印刷电路板技术为基础发展出来的。他非常热心，因而他的管理团体成员工作格外努力，分享他对ATP前景的热忱。

他们的努力得到了回报，订货连续几年快速成长，1984年销售达2000万美元。如此快速成长的原因，是两家主要的迷你型电脑制造厂商对此公司的技术深具信心，因此将该公司的电路板纳入他们硬体新产品线的设计，并大量生产。但是，1985年在迷你型电脑产业不景气的打击下，这两家制造厂商暂停此新产品的生产，使该公司预估的订货减少50%。1986年景气并未回升。泰德终于被解除部门总经理的职务，重任工程主管。

这家公司出了什么问题呢？问题在于管理者一方面对自己的产品深具信心，另一方面却为了取悦总公司，而设定了一个在内部并不能完整搭配的积极成长目标，销售人员因此产生了很大的业务压力。为了化解压力，销售人员和少数几家关键客户建立大量而急速的交易，因此对这些客户的依赖日深。当这些客户有几家碰到营业问题时，该公司也就难逃劫数了。

为什么这个部门的管理团体核准让这个风险极高的策略执行？为什么总公司的领导阶层不介入，建议这位年轻的事业部主管分散他们的客户群？他们问题的核心是深藏在一个"舍本逐末"结构中的习惯性防卫，如图6-9所示。

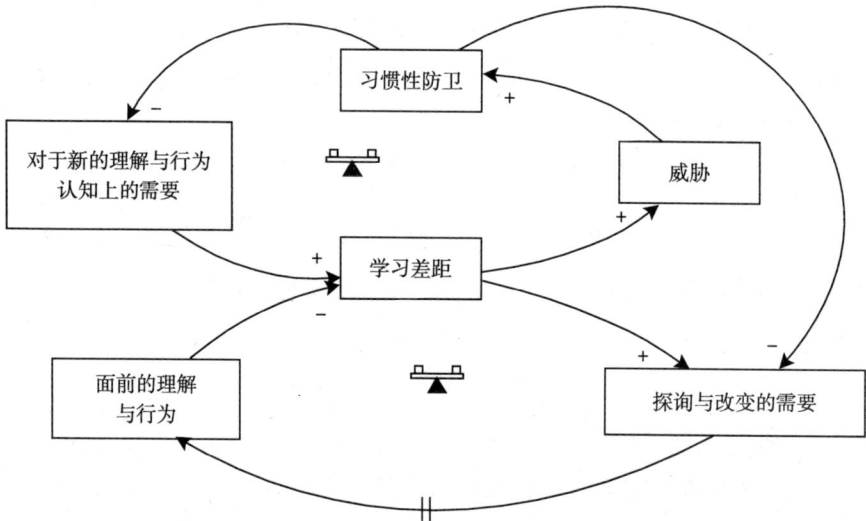

图 6-9 "舍本逐末"结构中的习惯性防卫

习惯性防卫是对一项问题的反应。这里问题被定义为"已经知道的"和"需要知道的"两者之间的"学习差距"。弥补此项差距的"根本解"是探询，因为它能逐渐导致新理解与新行为，也就是学习。但是学习新事物对某些成员而言是一种威胁，因此个人与团体会对威胁做出防卫性的反应。这便导致"症状解"：用习惯性防卫来降低认知上的学习需求，以消除学习差距。

泰德和 ATP 其他管理者都被他们自己特有的习惯性防卫束缚住了。有几位管理者曾经表达他们对依赖少数几家大客户的担忧。当这项问题在会议上被提出的时候，每个人都同意那是一项问题，但没有人对这项问题采取任何行动，因为每个人都太忙了。由于泰德对 ATP 产品有着无比的信心，所制定的成长目标又深具挑战性，使管理者产生了强大的业绩压力，他们积极扩大产能，这又产生不断接新订单的压力，而顾不得这些新订单是从哪里来的。

总公司主管也被一个类似的束缚绑住了。总公司也关切 ATP 的客户群太过狭窄，有些总公司主管私下质疑泰德的计划并不能提升公司长远经营的能力。但是这些主管既不愿破坏公司向来尊重部门总经理经营权限的价值观，同时也不愿使泰德难堪，所以他们只做间接的批评或保持缄默。

泰德也曾对自己的方案感到犹疑不定。他以前不曾担任过事业部门总经理的高阶职务，很渴望这次能证明自己的才能。由于不愿让部属和上司们失望，所以他绝口不谈自己对设定积极成长目标的不安。

这些存在于 ATP 其他管理者、总公司与泰德心中的困扰与矛盾，被掩盖在习惯性防卫之下，因而从未获得化解。ATP 的管理团体碍于泰德对于成长目标的热切，始终未采取应有的行动。总公司的管理者碍于公司的价值观，也始终未能对泰德提出应有的忠告。泰德则是虽然需要帮助，但是又不想显得没有自信的样子。以该公司强调的互相支援的精神，这些困扰原本应该有许多处理的方式，但却受困于习惯性防卫这个组织中的隐形墙。

习惯性防卫越是"有效"，背后的问题就越不易彰显，问题也因此得不到有效的解决，这使得原本就岌岌可危的情况更加恶化，这是因为他们并未运用学习来解决根本问题。在这个例子中，由于他们没有采取真正的对策——如何扩大客户群，问题因而更加恶化。就像所有舍本逐末的结构一般，团体越是诉诸习惯性防卫，就变得越发依赖它们。当习惯性防卫成功地消除了眼前的痛苦，它们也同时阻碍了我们获悉怎样消除造成痛苦的根源。

习惯性防卫常被人刻意地隐藏起来。这是因为一般的舆论都赞成开放，而认为防卫是不好的，使大家不愿意承认自己有习惯性防卫的心态。如果泰德的总公司主管为了避免引起冲突与尴尬，所以未曾当面指出泰德计划的缺失，那么他们必然已经避免了这个想法。同样地，如果泰德能说出"我是在逃避使自己看起来软弱无能"，他的防卫策略将不会持续太久。但是没有人说出这些感觉，因为说出事实的恐惧使每个人一开始就采取习惯性防卫。

（八）如何降低习惯性防卫

用什么方法可以降低习惯性防卫呢？多数"舍本逐末"结构的杠杆点所在位置有两个可能的方向：①削弱症状解；②增强根本解。

1. 削弱症状解

削弱症状解的方法之一是先行降低防卫反应对情绪上的威胁。例如，如果泰德对于在总公司上级主管面前坦然承认他自己没有把握，或上级主管们对泰德坦然说出他们心中的疑问，这样在发生习惯性防卫的时候就处理它们，便可以削弱症状解。习惯性防卫只有在禁止讨论的环境中才会强而有力，或只有当团体假装自己没有习惯性防卫，像鸵鸟般对问题视而不见，才会受困于习惯性防卫，一旦开放讨论，它们就会"见光死"。

但是，如何使问题变得可以被讨论，是一项巨大的挑战。尝试"治疗"别人的习惯性防卫，几乎一定会受到还击。例如，质问某个人为什么表现出防卫的行为，几乎毫无例外，对方的第一个反应是抗议："我？我并没有防卫的行为！"而向别人提出此问题者，似乎并不了解如此的问法反而会加强对方习惯性的防卫。一个巴掌拍不响，如果我们认为别人有习惯性防卫心态在作怪，极有可能我们是这个习惯性防卫互动结构的一部分。有技巧的管理者知道如何处理防卫而不会导致更加防卫的情况。

他们的做法是自我揭露，并以询问的方式探究自己和别人防卫的原因。例如，他们可以这样说："我觉得这个新提议不妥。你或许也有这种感觉，能否帮我看看这个不妥的感觉来自何处？"或者说："我所说的合理吗？我的沟通方式是否太过强硬或主观？但是我想听听你的观点，这样我们可以对状况有一个更加客观的看法。"这两段话都承认讲话的人感到不妥，而邀请别人一起探询原因。

2. 增强根本解

消除习惯性防卫所需的技巧，基本上与在"舍本逐末"结构中增强"根本解"的技巧是相同的，也就是反思与相互探询的技巧。以探询的方式讨论问题的原因时，个人应毫不隐藏地摊出自己的假设和背后的推理过程，并鼓励别人也如此做。如此一来，习惯性防卫便无从产生作用。

虽然习惯性防卫对团体特别有害，然而，如果真正有学习的决心，团体是转化个人习惯性防卫的最佳场所。所需要的，正是前面再三提出的，是一个我们真正想要的愿景，其中包括企业的绩效、希望如何在一起工作，以及坦诚地说出"目前状况"真相的决心。在这个意义上，团体学习与建立共同愿景是一体两面的修炼。这两项修炼自然可结合形成团体的创造性张力。

它的做法是，如果我们将习惯性防卫当成一种团体学习停滞了的信号，那么习惯性防卫也可以成为在建立学习型团体的过程中一个亲密的战友。当我们是在防卫的时候，纵使我们无法充分断定防卫的来源或模式，多数人还是觉察得到。学习型团体的实用技巧可以用于辨认下列的问题：别人是否对自己的假设加以反思？是否探询彼此的思考？是否先摊出自己的想法以鼓励他人探询自己的想法？当我们感觉到自己在防卫、逃避问题，或思考如何保护某人或自己，表示我们应该重新努力学习的时候到了。但是我们必须学习如何辨认这些信号，学习如何承认防卫而不会激起更多的防卫。

习惯性防卫的强弱，可能是问题的困难度与重要性的指标。防卫的强度越高，问题往往也越重要。习惯性防卫如果处理得当的话，它可以为彼此的思考开一扇窗。当团体能够以"自我揭露"和"兼顾探询与辩护"成功地处理防卫时，团体的成员就会开始更加看清彼此的思考。

最后，当团体成员学会如何运用而不是排斥自己的习惯性防卫时，他们就建立了处理自己防卫心态的信心。习惯性防卫使成员受困，并损耗他们的心神和精力。所以当团体成员超越了妨碍学习的障碍——这些被许多人认为是无可避免的，甚至是组织本质的障碍——之后，他们获得一种实际的经验：也许现实中的许多其他问题，他们也是有力量加以改变的。

（九）虚拟世界的演练与学习如何"演练"

团体学习是一种属于团体的技巧，无论再努力都无法单独学习。一群富有才干的学习者，未必能够成为一个学习团体，好比一群有天分的运动员，未必能成就一个杰出的运动队伍一样。在学习型团体中，人人都在学习如何共同学习。团体技巧的养成，比个人技巧的养成更具挑战性。这就是为什么学习型团体需要"演练场所"和练习方式来让他们发展集体学习的技巧。缺乏有效的演练，或许是大部分的管理团体无法成为有效学习单位的主因。

虚拟世界的精神，在于它容许有实验的自由。行动的步调可以放慢或加快。在真实世界发生速度很快的现象，在这里可以放慢来看，仔细地加以研究。原本时间拉得很长的现象，在此可以"压缩"，以更清楚地看见某项行动的后果。在虚拟世界中，没有不可逆行的行动。在真实情况中不能逆转或重做的行动，在此可以无限次重来。环境中的改变在此可以完全或部分被消除，经过整理在真实世界中纠缠不清的变数，复杂的现象可以得到简化。

案例

现代广告的运作便是以一个富有创意团体的概念为基础，即专案负责人、广告设计、广告撰文三者在工作上密切配合，集思广益，而创造出新构想。这些团体的配合如此密切，最后常常是队友一起跳槽到别家广告公司，而非各奔前程。广告团体之所以特别，是他们在一起演练的一贯性与密集性跟篮球队成员没有两样。他们共同激荡脑力去构想，然后实验这些构想，以情节板（Storyboard）或模拟场景不断测试，最后提出简报——先向上级简报，然后再向客户简报。

团体学习要定期有这类演练。但是目前的管理团体通常欠缺这样的演练。他们对于各种构想确实有过概念性的辩论，也很了解彼此的意见。但是缺少类似情节板或排演的动作。企业团体的主要工作成果，是针对特定的状况（往往在很大的时间压力下）进行辩论和做出决策，而且每一个决策一经做成就是最后决定，并未对决策进行实验，也很少有机会对其他解决方案再加评估，或再回头以团体的方式反思如何能共同达成更佳决策。

有两种不同的"演练场"正在发展中。第一种是在团体中练习深度汇谈，以结合众人的智慧，使团体智商高于个人智商。第二种是建立"学习实验室"（Learning Laboratory）与"微世界"（Microworld），在电脑支援的环境中，团体可学习面对复杂企业状况的动态，限于篇幅这里只介绍第一种演练场。

深度汇谈的集会可以让团体聚在一起"演练"汇谈，以及发展它所需的技巧。这样一个集会包括下列基本条件：

（1）把"团体"所有的成员集合起来（这里"团体"指彼此需要，并一起行动的一群人）。

（2）说明深度汇谈的基本规则。

（3）厉行这些基本规则，以便在有人发现无法"悬挂"自己的假设时，团体可辨认出现在进行的是"讨论",而不是"深度汇谈"。

（4）诚恳鼓励团体成员提出困难、敏感、具有冲突性，而对团体工作非常重要的议题。

我们把深度汇谈集会看作"演练"，因为它们的设计是用来培养团体技能的。这样的集会产生的结果是极为重要的。

案例

美国电脑资讯公司（一家磁碟机与电脑周边设备制造厂商）创办人退休后，新管理团体在第一年时勉强维持业务成功，之后的情况便开始坎坷。为改变现状，新任总裁麦卡锡邀请新管理团体成员参加一个为期两天的聚会，做一个深度汇谈。

麦卡锡在给团队成员的邀请函中明确提出汇谈的目的：集思广益，厘清执行关键策略背后的假设、方案与责任，彻底思考企业所面临的重大课题。

经过两天的深度汇谈，麦卡锡做了最后的总结，他认为本次汇谈主要有以下收获：

首先，研发与营销之间长达三十年的不和开始痊愈；

其次，营销部门不再需要单打独斗地去扩充产品系列，研发部门也加入了搭配产品计划；

再次，神圣不可侵犯的该公司商标不再限于自己研发部门开发的产品，而是基于市场考虑加以使用；

最后，研发部门改变了部门观念，视其他单位为平等对待的创新伙伴。

第七章　改善心智　营造创新文化

创新是唯一的出路，淘汰自己，否则竞争将淘汰我们。

——安迪·格罗夫

案例

《中国财富》记者走访了 100 名职业经理人，涉及 IT、通信、地产、汽车、化工、快速消费品等热点行业，工作城市主要为北京、上海、广州三地。调查表明，我国经理人每天用来学习的时间是 51 分钟，其中 77% 的经理人学习时间不到 1 小时。如果综合交通等因素，几乎 90% 的经理人不具备进行课堂式系统学习的机会。购买图书的总体阅读比例也只有 35%，也就是说，经理人购买的图书中只有不到 35% 被通读。经理人的学习更多表现为获取资讯，而对于知识的获取缺乏系统性。

有需求就有市场，21% 的经理人表示未来两年内考虑采取一些方式进行系统的学习，其中 13% 将会攻读 EMBA，而通过远程教育的方式和进商学院学习的比例为 6%。在拒绝采用以上学习方式的经理人中，有近一半是出于费用的考虑，认为现有的学习价格中有相当一部分是在购买文凭本身。而曾经参加过商学院或 EMBA 学习的经理人中，也有近三成指责课程中理论有余而实务不足。

一、改善心智的有效途径是学习

（一）职业经理人为什么要学习

在经济全球化大潮中，中国的职业经理人群体面临下述考验：如何顺应时代和历史发展的潮流，迅速地由"预科班"进入到"本科班"，由"游击队"转变为"正规军"；如何提升自己的职业化知识、态度与能力，迅速融入世界职业经理主流群体。

案例：21 世纪的忠告

如今世界上有三种人：第一种是不肯学习的人，很快会被淘汰；第二种是肯学习而不善于学习的人，也一样会被淘汰；最后成功的只有一种人，是既肯学习又善于学习的人。在进入 21 世纪之前，联合国组织 15 名世界级的专家，花了三年时间写了一份研究报告：《教育——财富蕴藏其中》（联合国 21 世纪教育委员会）。21 世纪的人怎样才能成功？21 世纪的企业怎样才能成功？21 世纪的民族、国家怎样才能持续辉煌？这份报告提出了四大支柱，就是"四个学会"：学会学习、学会共同生活、学会在现代条件下做事、学会生存。

1. 学习才能适应变化

在知识经济时代，资讯瞬息万变，竞争日趋激烈，盛衰就在一夜间。在当今激烈竞争的时代，如果不能不断提高素质，跟不上时代发展步伐，个人和企业都将会被淘汰。

进入 21 世纪之后，人们发现，周围的一切都像是上紧了发条，在加速地变化着。家用电器的更新换代，企业的兴衰更替，职员的频繁跳槽，甚至连人们从相识到结婚、从结婚到离异的速度都在变得更快。生活在一个如此快速变化的世界里，如果想不被淘汰，就需要主动地去适应变化。

2. 学习才能应对挑战

北京大学、清华大学校园里有一道靓丽的风景，如果你留意就会发现，每逢双休日校园里就会涌动着一群手提各式各样学习包的成年人，他们步履匆匆，下课的间隙电话不断。这些人大部分都是在商场征战的职业经理人和民营企业家们。我曾经问过一位民营企业家："你已经是一个资产超过5000万元，年销售额4亿多元，在全国同行业排前10名的比较成功的企业家了，怎么又当起了学生？""没办法，这两年来我已经明显感觉到力不从心。社会发展变化太快，市场竞争太残酷，很多时候我感到江郎才尽、困惑迷茫。不学习我就无法与新一代的下属沟通，不学习我就与周边的朋友没话说，不学习我辛苦挣来的财富可能因为自己的错误决策而付诸东流。"他的一番话，让我这个成天号称喜欢学习的人受到了触动。

当你远离这个社会的现实时，你就会发现封闭的生活已经将你束缚起来；当你拒绝认识这个世界的变化时，你就会退化到无知的境地；当你不再能学习新东西时，你就已经开始远离这个世界；当你无视这个社会的一切真实力量时，你就会陷入盲目、怀疑或悲切的情绪之中。

3. 学习才能提升职业竞争力

新世纪，新的管理理念层出不穷——全球化、电子商务、客户关系管理、供应链管理、知识管理、服务管理、公司治理结构、领导力、变革管理、学习型组织、流程再造等，无一不在深刻影响着企业的未来和发展。作为从事以创造财富为目的，以企业管理为职业的经理人群体，只有站在世界管理发展的前沿，时刻把握时代的脉搏，体察企业生存环境的变化，探索企业运营和管理的规律，才能在沧海横流之中显现出职业英雄的本色，才能在搏击长空之时焕发出职业力量。

社会不会为个人而改变，你只有依靠自身的力量去教育或发展自己。你必须快速提高自己的学习能力，适应社会变革的发生或发展。

一个有头脑的人，要在环境欲变而未变之时，见微波而知暗流，处晦而观明，处静而观动。假若对时代变迁视而不见，混混沌沌，企图躺在过去的成功经验上高枕无忧，必然会逐渐丧失职业竞争能力，也必然会被时代所抛弃。

学习是提升职业竞争力过程中一项伴随终身的最重要、最经济、最有效、最安全的投资。古人尚且懂得"良田万顷，不如薄技在身"，作为职业人士又该如何应对呢？

（二）经理人应该学什么

职业经理人的知识结构大体上有三种类型：专业知识、管理知识、相关知识。只有建立和完善科学合理的知识结构，才能有效地支撑和提升自己的职业能力。

（1）传统的知识结构，即仅有某一专业知识的结构。这是单一的知识结构，或称线性结构，已远远不能适应形势对于管理者的要求。

（2）"T"形知识结构，或称为纵横结构。"纵"表示某一专业知识方面的深度，"横"表示与某一领域相关的知识面的跨度或广度。"T"形知识结构也可以称为通才的静态结构。一个现代管理者的知识结构如果缺乏时间标量，没有反映知识更新率的指数，仍然是不完整的。

（3）具有时间概念的"T"形知识结构，或称通才的动态结构。这类知识结构的主要测定指标有三个：深度、广度和时间度。只有这样的知识结构，才是管理者理想的知识结构。

例如，一位财务部经理或者主管财务的副总经理，其知识结构大体如表7-1所示：

表7-1　财务主管的知识结构

知识类别	内容
专业知识	财务管理、资本运作、投资理财、风险决策、金融知识、政策法规等
管理知识	战略管理、公司治理、团队管理、沟通协作等
相关知识	企业所处的行业知识、相关行业企业知识以及市场营销、采购与供应链管理、库存管理、生产管理等

1. 经理人的学习内容

经理人应该学什么，说直白些就是需要什么学什么。因从事的行业、企业、职业的不同，经理人的学习内容也各不相同。在确定自己的学习方向和目标时，应考虑以下三个方面的因素：

（1）结合自身职业生涯规划和人生目标管理的需要。你制定了职业发展规划和目标，就需要建立实现目标的智力支持系统和能力支持系统，所以，学习方向和目标的确定，就要紧紧围绕职业生涯发展方向和目标。例如，你计划五年以内要当上副总经理，那么从现在开始你就要补充关于领导、战略、人力资源、公司治理、宏观思维等方面的知识元素。表7-2为知识与能力自查表。

表7-2 知识与能力自查表

职业目标	知识能力需要	目前知识能力	欠缺知识能力	职业学习计划

（2）结合行业和企业竞争的需要。学习内容要紧贴目前所服务的企业和行业竞争的需要，否则，你的学习就无用武之地，对你能力和业绩的提升也就不会有太大的帮助。

（3）结合自身的职业能力需要。作为一名职业管理者，如果你在职业所必备的知识和能力上有短板，那么，你就必须得补上。例如，沟通能力是管理者最基本的素质要求，如果你想在管理岗位上有所发展，必须补上这一课，否则，你很可能会不称职，无法有更好的发展。假如你的性格和习惯无法改变，你就应该考虑是不是该转换职业方向，如走技术发展的道路。

另外，还要注意学习要结合社会变化和形势以及环境变化发展的需要，做到与时俱进。

2. 经理人学习的原则

经理人长期在商场打拼，时间稀缺，精力有限。因此，掌握一些基本的学习原则，形成良好的学习习惯，就会取得事半功倍的效果。

（1）实用主义原则。身为职业经理人，按照自己的职业目标和企业当前的需要进行学习，往往是一个迫不得已的选择，这种选择的好处是现学现用。成长中的经理人，尤其是中小企业的经理人应"抓两头，带中间"（操作面—知识面—

效果面），即抓公司最需要的操作面以及最终效果面，借此带动学习面。在此基础之上发展个人核心技能，可能对企业、对个人都更为实际。

（2）优先排序原则。学习不能"眉毛胡子一把抓"，要分清轻重缓急，抓住重点，进行优先排序，表如 7-3 所示。

表 7-3 知识与能力自查排序

项目	应该具备	目前水平	欠缺方面	学习计划
企业最需要的知识能力				
职业最需要的知识能力				
当前最急需的知识能力				

（3）发挥优势原则。目前"木桶理论"在企业管理界比较盛行。"木桶理论"认为，在一个团队中，综合绩效决定于最短的一块木板，提高团队业绩的办法就是补短板。

但对于个人而言，"木桶理论"不一定适合。因为，个人素质中的那块"短木板"，由于遗传、教育背景、环境影响、性格、习惯等方面的因素，可能拿不掉，又补不长。每个人的能力体系中都有优势和劣势，在竞争激烈、讲求绩效的时代，着眼于短处，试图通过培训等方法"取长补短"，不是很合适，也很难见效。如果这种短处是你的性格或能力特征中无法改变的，那么这种"取长补短"的努力更是徒劳无功。

在分析和认识自己的"长短"之后，必须在自己的最优处着力，把时间与功夫下在最能体现自己长处的特点上，才能事半功倍。因此，对于职业经理人的学习，重点应该"扬长"，而不是着眼于"补短"。

（4）学以致用原则。"纸上得来终觉浅，绝知此事要躬行"。经理人的学习目的就是应用，不能运用于实践的学习，只能叫兴趣学习、休闲学习或者是打发时光。因此，我们不能为学习而学习，忘记了学习的目的和本意。当我们在看了一篇很好的文章，参加了一次很有意义的培训之后，一定要与自己、与企业、与工作结合起来。例如，你刚刚学习了关于目标管理的技巧和知识，你就应该将其运用到自己的人生管理中，运用到所带领的团队管理中。

（5）勤于思考原则。美国《成功》杂志创始人奥里森·马登指出："食物只有被充分消化吸收，变成血液、大脑和其他组织的一部分后，才能化为体力、智力和肌肉。同样，知识只有被大脑消化吸收，成为你自己思想的一部分后，才能成为力量。如果你希望获得知识上的力量，除了看书要全神贯注外，还要养成这种习惯：经常合上书，坐着想一想，或是站起来走一走，想一想——一定要思考，要沉思，要默想，要在脑海中反复思量你读到的东西。"

要善于思考，需要有蜜蜂酿蜜的精神。每一克甜美的蜂蜜不知凝聚了蜜蜂多少心血。思考也需要我们下苦功夫，以"打破砂锅问到底"的探索精神去钻研，把别人的知识变成自己的智慧，并在他人智慧的基础上有所创新和发展，形成自己独特的知识体系。不会思考和不善于思考的人，自己的大脑就会变成别人思想的跑马场，就会成为一个没有主见的人。

二、突破学习障碍，改善心智

（一）常见的学习障碍

1. 时间滞延的学习障碍

从古至今，我们都不断地在追求安全的生存环境，如何使自己或家人求得温饱、不虞匮乏。一旦有危机出现，我们会尽一切手段保护自己及家人。至于如何治理国家，如何使社会更祥和，那是少数几个"有德有能、才智过人"的将相王侯要去思考的事，一般老百姓是没有机会也没有能力处理这些事情的，只能在设计好的制度内生活，而改变环境只有在危机出现时，才被迫发动革命。这种问题解决的模式在我们的历史上重复发生过千百次，造成了无数的悲剧与不幸，但是我们仍然不断看到历史在重演，这就是我们人类的学习障碍。

大家都知道从错误中学习是千古不变的道理，古有明训：他山之石，可以攻玉。看别人犯错可以警惕自己。然而为什么我们无法记住前车之鉴呢？原来千古不变的道理是有所限制的，行动与结果之间的时间滞延超出我们的预期，甚至超过我们生命的长度时，我们几乎无法从错误中学习，以致我们不断地重复犯错，如图 7-1 所示。

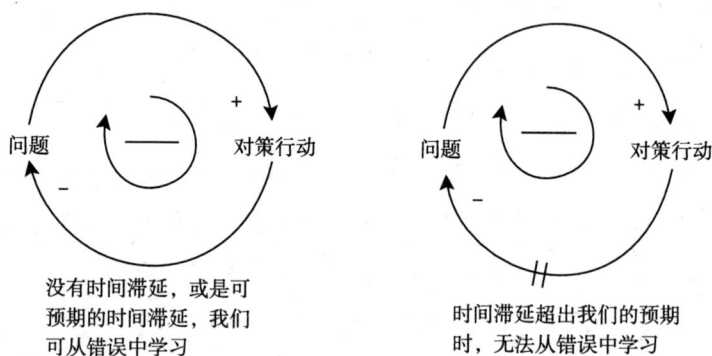

没有时间滞延，或是可预期的时间滞延，我们可从错误中学习

时间滞延超出我们的预期时，无法从错误中学习

图 7-1 时间滞延

如环保问题、都市生活品质问题、教育问题，乃至于企业或组织内的案例俯拾皆是，员工流动率过高、产品利润太低、组织没有活力、员工不愿学习等问题，其实我们大部分都知道最佳的对策，而过去也有人花费昂贵的时间与金钱去换取解答，也给我们许多的忠告，而最佳的对策往往需要相当长的时间才能有效果，关键在于我们是否相信这个对策有效，一旦我们没有办法说服自己，就不会坚持这一根本的对策。

2. 局限思考的屏障

如今，企业以利润为导向的组织形态大大提高了生产的效率，全球化的激烈竞争，使我们有价廉物美的各种产品与服务可享用，使得企业、财团目前在任何一个国家的地位皆举足轻重。然而企业也在不断地集合资本、扩大规模，所赚的钱又投资购买设备、原料，创造更大的营业额。企业所到之处不是污染问题严重，就是引进外劳、炒作地皮、吸收资金，造成地区生态的重大冲击，短期内似乎为社区创造就业机会，繁荣社区，而把时间拉长来看，企业只求利润的做法，所造成的环保问题、外来人口的影响、企业倒闭、裁员、金钱游戏、家庭问题、教育乃至于政府决策、社区活动等的负面影响，到现在仍然难以评估我们所付出的社会成本有多高。

企业一再追求自我的最大效益，而将负担转嫁给社会的局限思考做法，是另一种学习障碍，将企业与社会的关系切断，追求局部最佳化的做法，到最后会招致企业本身的衰败。我们看到的环保抗争、同行的恶性竞争、员工的向心力不佳等太多的例子，皆是缺乏主动积极的整体思考所致。殊不知，企业拥有了相当大的能力可以改造社会，却未能肩负起相对的社会责任，促使社区的整体发展与进步，如图 7-2 所示。

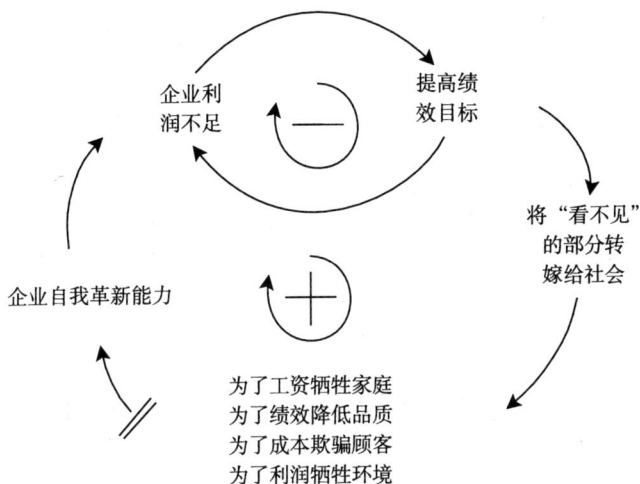

图 7-2　"饮鸩止渴"

以追求利润为最高指导原则的企业，会逐渐丧失自我蜕变的能力，走向死亡之路。

（二）突破学习障碍，改善心智模式

以上这些学习障碍一再地挑战着我们根深蒂固的基本信念——只要努力工作就会有所收获，只要尝试错误就可以学习。当我们的行动不再产生预期的结果时，这时反而要停止我们的行动，开始检查我们的信念（心智模式），在虚拟的世界里，以反思来改善心智模式。我们称为双环学习，过去我们非常习惯单环学习，而很少进行双环学习，是因为社会变迁的速度很慢，可能一生只要改变一次到两次就够了，所以不太需要双环学习，而现在我们即将迈入知识世纪，是一个天天都在改变的环境，这时改善心智模式的技术就成了必备的工具，协助我们突破学习障碍，如图 7-3 所示。

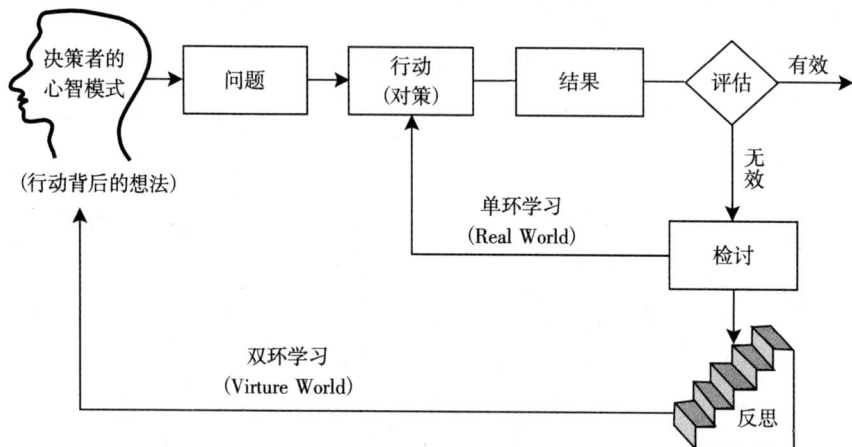

图 7-3　学习的两种方式

三、心智模式的改善有利于创新

（一）改善心智模式，突破创新思维

学习的目的是为了创新。今天，创新已经成为热门的话题，不管使用哪种搜索引擎，键入"创新"一词，与之相关的条目不少于 200 万条。而到亚马逊网站上检索一番，以创新为主题的书籍 2300 余册。

思维产生思路，思路决定出路。在为自己架起一座通向成功的桥梁的时候，创新思维起着戏剧性的转化作用。而在现实中，不少人不敢想、不敢思、不敢为，习惯于书上的框框、别人的样板、过去的套路。创新思维的突破主要表现在突破以下障碍：

1. 有笼必有鸟——心理图式

案例：狗鱼思维——拒绝变化

有一种鱼叫作狗鱼，很富有攻击性，喜欢攻击一些小鱼。科学家们做了这样一个实验：把狗鱼和小鱼放在同一个玻璃缸里，在两者中间隔上一层透明玻璃。狗鱼一开始就试图攻击小鱼，但是每次都撞在玻璃上。慢慢地，它放弃了攻击。后来，实验人员拿走了中间的玻璃，这时狗鱼仍没有攻击小鱼的行为——这个现象被叫作狗鱼综合征。

狗鱼综合征的特点是：

对差别视而不见；

自以为无所不知；

滥用经验；

墨守成规；

拒绝考虑其他的可能性；

缺乏在压力下采取行动的能力。

这个故事告诉经理人，思维定式一旦形成，有时是很悲哀的。这也是我们要不断学习新知识、新观念的原因之一——形势在不断变化，必须关注这些变化并调整行为，一成不变的观念将带来毫无生机的局面。

2. 引火烧身——线性思维

有这样一则幽默：美国航天员在太空中用圆珠笔写不出字来，于是美国航天局决定划拨 100 万美元的专款攻关。研究是在极其秘密的状态下进行的，最后研制出了专用的"太空笔"。庆祝之余有位官员突生疑问：前苏联航天员在太空中是用什么笔写字的呢？一批精干的谍报人员被派了出去，答案很快就有了：前苏联航天员用的是铅笔！

现实生活中类似的线性思维的例子不胜枚举，但可并不都是幽默，有的甚至是血的教训。

3. 大象的悲剧——惯性思维

案例

一家马戏团突然失火，人们四处逃窜，所幸没有人员伤亡。但令马戏团老板伤心和不解的是：那只值钱的大象却被活活地烧死了。

"这怎么可能呢？拴住大象的仅是一条细绳和一根小木棍啊！"老板怎么也想不通。

通常，没有表演节目时，马戏团人员会用一条绳子系住大象的右后腿，然后把它绑在一根插在地上的小木棍上，以防大象逃跑。我们都知道，以大象的力量，可以用长鼻子卷起大树、拖拉巨大的木材，甚至可以一脚踏死动物。可为什么它如今乖乖地站在那里呢？

原来，当小象被捕捉时，马戏团害怕它会逃跑，便以铁链锁住它的脚，然后绑在一棵大树上。每当小象企图逃脱时，它的脚就被铁链磨得生疼、流血，经过无数次的尝试后，也没有成功逃脱。于是久而久之，在它的脑海中形成了"一旦有条绳子绑在它的脚上，就永远无法逃脱"的印象。因此，当它长大后，虽然绑在脚上的只是一条小绳子和一根小木棍，但它懒得再去思考或是去尝试一下拴住它的究竟是什么东西。

惯性思维是人类思维深处存在的一种保守的力量，人们总是习惯用老眼光来看新问题，用曾经被反复证明有效的旧概念去解释变化了的世界的新现象。不去尝试、不敢冒险、因循守旧，大好的时机和自身无限的潜能被白白地浪费，挫折和失败的悲剧自然不可避免。

你上下班是不是总走同一条道路？你是否经常到同一个商场购物或到同一个市场买菜？你是不是换来换去总是穿着那几件衣服？你想过改变一下吗？现实生活中，大部分人喜欢走老路，甚至穿新鞋走老路，在一条道上走到人生的尽头。如果我们总是生活在惯性思维的世界里，对世界的变化视而不见，即使有一百个苹果砸到我们的头上，我们也不会发现万有引力，即使洗一百次澡，我们也不会悟出浮力的原理来。其实，换个位置、换个角度、换个思路，也许我们面前就是一片崭新的天地。

4. 自作聪明——经验偏见

案例：被经验淹死的驴子

一头驴背盐渡河，在河边滑了一跤跌在水里，盐溶化了。驴子站起来时，感到身体轻松了许多，驴子非常高兴。后来有一回，它背了棉花，以为可以同上次一样，于是走到河边的时候，便故意跌倒在水中。可是棉花吸收了水，驴子非但不能再站起来，反而一直向下沉，直到淹死。

驴子为何死于非命？每一个人都能够看得出，很重要的一个原因是机械地套用经验，受到了经验偏见思维的影响，未能对经验进行改造和创新。

经验偏见会产生孤陋寡闻的骄傲，会产生井底之蛙的自豪，会产生自以为是的"乡村维纳斯效应"。在偏僻闭塞的小乡村，村子里最漂亮的姑娘往往被村民当作世界上最美丽的人，她就是美神的化身——维纳斯，在没有看到更漂亮的姑娘之前，村民们很难想象出世界上还有比她更美丽的人。我们说，村民们的理解在村子里是真理，但出了村就可能是谬误，而在外面的世界则是一个愚昧的偏见和笑话。

5. 以偏概全——点状思维

在白纸上画一个黑点，然后问自己：你看到了什么？

答案至少有一百种：芝麻、苍蝇、图钉、太阳的黑子、污迹……这些都是常规的联想，有的人思维更活跃一些，可能会回答说：看到了缺点、遗憾、损失……

但是，为什么我们的眼睛仅盯住那个黑点，而没有看到黑点旁边的那一大片白纸？正是这个黑点束缚和禁锢了我们的思维，使我们看不到其余更多、更好、更丰富的东西。某些人一件事情没有办好，就垂头丧气："我真没用，我真窝囊，我是天底下最愚蠢的人。"或者通过别人不经意的一句话或一件事就给一个人下定义："他品质有问题。"其实，更重要的是我们要关注广阔的存在，而不是那个黑点。

6. 固执己见——刻板印象

刻板印象指的是人们对某一类人或事物产生的比较固定、概括而笼统的看法，是我们在认识他人时经常出现的一种相当普遍的现象。

刻板印象的形成，主要是由于我们在人际交往过程中，没有时间和精力去和某个群体中的每一个成员都进行深入的交往，而只能与其中的一部分人打交道。因此，我们只能"由部分推知全部"，刻板印象固然有省时省力的好处，但在不少情况下却会出现耽误大事的判断错误。

7. 霍布森选择——封闭思维

300多年前，英国伦敦的郊区有一个人叫霍布森，他养了很多马，高的、矮的、肥的、瘦的都有。他对来挑马的人说，你们挑我的马吧，可以选大的、小的、肥的、壮的，可以租也可以买。但他却附加了一个条件：只允许挑选能牵出圈门的那匹马。人们非常高兴地去选马，但是整个马圈只留了一个很小的门，选中的大马和好马都出不来。后来获得诺贝尔奖的西蒙就把这种现象叫作霍布森选择。就是说，你的思维和境界只有这么大，没有打开，思维封闭的结果就是你别无选择。

（二）几种典型的创新思维

创新思维有广义与狭义之分。一般认为，人们在提出问题和解决问题的过程中，一切对创新成果起作用的思维活动，均可视为广义的创新思维。而狭义的创新思维则是指人们在创新过程中直接形成创新成果的思维活动，如灵感、直觉、顿悟等非逻辑思维形式。

创新思维之所以有别于一般思维而成为一种新的思维形式，其主要特点是思维形式的反常性、思维过程的辩证性、思维空间的开放性、思维成果的独创性和思维主体的能动性。

1. 发散思维

发散思维也叫多向思维、辐射思维或扩散思维，是指在对某一问题或事物的思考过程中，不拘泥于一点或一条线索，而是从仅有的信息中尽可能向多方向扩展，而不受已经确定的方式、方法、规则和范围等的约束，并且从这种扩散的思考中求得常规的和非常规的多种设想的思维。

发散思维是从给定的信息中产生信息，其着重点是从同一来源中产生各种各样的为数众多的输出。它的特点如下：一是"多端"，对一个问题可以产生许多联想，获得各式各样的结论；二是"灵活"，对一个问题能根据客观情况变化而变化；三是"精细"，能全面细致地考虑问题；四是"新颖"，答案可以有个体差异，各不相同。

一个人或一家企业，不论遇到什么样的危机或困难，都应该相信自己的潜能、自己的努力，都应该明白自己的用途绝非一种。只要肯努力去发挥自己多方面的能力与用途，总能找到新的机遇与转机，也总能找到更适合自己去做的事情。这样，成功或许会来得更快、更好，也使自己的人生更有价值、更有意义。

人的发散性思维能力是可以通过锻炼而提高的，其要点是：第一，打开思维空间，一切皆有可能。很多人不是没有创新能力，而是思维空间没有打开，仅局限在自己习惯认知的圈子里。如果我们躺在苹果树下，当苹果掉在头上的时候，我们会习惯性地认为："啊！感谢上天，给我一个多么可口的礼物！"然后随手就将苹果塞进嘴里，嚼得津津有味。而牛顿却放开思维，开创了人类物理世界的先河。第二，坚持多项发散，提高思维质量。东南西北、上下左右、过去现在将来、国家民族世界、人类自然宇宙等，要使思维发散成刺猬状、蜘蛛网状。第三，追求独特思维，做到与众不同。要多问"为什么"、"还有什么办法"、"假如……会……"等，在新奇的思维中体验创新的刺激。

2. 侧向思维

当我们在一定的条件下解决不了问题或虽能解决但只是用习以为常的方案时，可以用侧向思维来产生创新性的突破。

侧向思维要求我们彻底打破"自我本位"的思考方式，经常问自己以下一些问题：

➡ 别人正在干的我能不能不干？

➡ 别人不干或没有想到的我能不能干？

➡ 其他行业、专业、企业的做法、思路、产品特点和发明创造能否为我所用？

➡ 现在的产品、思路、方法能否改变最初设想的路径、转换方向，用到更能发挥作用的其他地方？

（1）侧向移入。侧向移入简单地说就是拿来主义，跳出本部门、本专业、本企业、本行业、本地区、本国家的思维局限，将眼光放远，让心灵飞翔。侧向移入主要有三种方法：①将其他领域、其他企业好的东西拿过来为我所用，移花接木；②在其他领域成功做法的基础上进行加工改进为我所用；③借鉴别人的经验进行创新为我所用。我国木工的鼻祖鲁班在割草的时候被茅草的细齿划破了手从而发明了锯，这就是一种典型的侧向移入思维方法。

（2）侧向转换。这是指不按照原来的目的或经验去解决问题，在实际工作的过程中突来灵感，转变方向，将原来准备用到甲身上 A 方位的方案转而用到 B 方位，即甲的侧面，结果歪打正着，开创了一片新天地。

案例：冰箱用途的延伸

在美国，每个家庭都有电冰箱，这种高度成熟的产品竞争激烈，利润率很低。美国的厂商显得束手无策，而日本人却异军突起，生产了一种与 19 英寸电视机外形尺寸一般大小的冰箱。

当微型冰箱投入市场后，人们发现除了可以在办公室使用外，还可安装在野营车上，全家人外出旅游非常方便。微型冰箱改变了一些人的生活方式，也改变了它进入市场初期默默无闻的命运。

微型冰箱与家用冰箱在工作原理上没有区别，其差别只是产品所处的环境不同。日本人把冰箱的使用方向由家居转换到了办公室、汽车、旅游等其他侧翼方向，有意识地改变了产品的使用环境，引导和开发了人们的潜在消费需求，从而达到了创造需求、开发新市场的目的。

（3）侧向移出。与侧向移入相反，侧向移出是指现有的方案、设想、技术、方法、产品等，从目前的应用领域、对象、市场等方面脱离出来，应用到其他方面和领域。

案例：拉链的诞生

拉链的发明曾被誉为影响现代生活的 10 项最重大的发明之一。它的发明雏形最初来自于人们穿的长靴。19 世纪中期，长靴很流行，特别适合走泥泞的道路，但缺点是靴子的铁钩式纽扣多达 20 余个，穿脱极为费时。为了免去穿脱长靴的麻烦，很多人甚至忍受着整日不脱下来的痛苦。这一切都被一个叫贾德森的人记在了心里，他决定发明一种更为简便的东西来帮助人们解决穿靴的烦恼。经过艰苦的反复试验和努力，拉链样品终于诞生了，并于 1905 年取得了专利。

但是，要将这种技术应用于规模化的生产并不是一件容易的事。一个叫霍克的军官看好这一技术，他又用了 19 年的时间终于研制出了第一台拉链机。拉链是生产出来了，可是却没有人用它代替鞋带，拉链仍然无人问津。终于，一个服装店的老板把它用在了钱包上，生产出了带拉链的钱包，一时供不应求。从此，拉链的应用一发而不可收，它被广泛地应用到了服装、枕套、公文包等所有可以用的地方。现在回想起来，还真得感谢那位服装店老板的侧向思维。

3. 逆向思维

研究表明，任命事物都包含着对立的两个方面，这两个方面又相互依存于一个统一体中。人们在认识事物的过程中，实际上是同时与其正反两个方面打交道，只不过人们往往养成一种习惯性思维方式，即只看其中的一方面，而忽视另一方面。如果逆转一下正常的思路，从反面想问题，便能得出一些创新性的设想。

逆向思维也叫求异思维，它是对司空见惯的、大家公认的事物或观点敢于"反其道而思之"，让思维的路线朝相反的方向或事物的对立面发展，从而开创出一片思维的新天地。逆向性思维具有以下特点：

（1）普遍性。对立统一规律是事物运动和发展的基本规律，所有的事物都有相互对立又相互依存的两个方面，所以，任何东西都可以进行逆向思维。其实，我们的祖先就是逆向思维的先行者，阴阳太极图表示的就是阴中有阳、阳中含阴、阴阳互动的对立统一理念。逆向思维的形式很多，如性质上对立两极的转换——软与硬、高与低等；结构、位置上的互换、颠倒——上与下、左与右、先与后等；性能上的逆转——气态变液态或液态变气态、电转为磁或磁转为电等。不论哪种方式，只要从一个方面想到与之对立的另一方面，都是逆向思维。

（2）批判性。逆向思维是一种反传统的思维方式，所谓真理、习惯、定律、规则、经验、常识等，在逆向思维面前通通作废。所以，逆向思维必须要有反传统、反潮流、反权威的勇敢精神。在第四届中国青少年发明创造比赛中，"双尖绣花针"获得一等奖，发明者是武汉市义烈巷小学的学生王帆，他把针孔的位置设计到中间，两端加工成针尖，从而使绣花的速度提高近一半。王帆对传统绣花针的否定和颠覆可能会改写绣花工艺的历史。

（3）新颖性。逆向思维的批判性使思维结出了璀璨的创新之花，对于习惯于定式思维的人们来说，逆向思维无疑是一缕清新的风、一幅靓丽的画、一首动听的歌。逆向思维的成果总是给人耳目一新、柳暗花明、豁然开朗的感觉。有人落水，常规的思维模式是"救人离水"，而司马光面对紧急险情，运用了逆向思维，果断地用石头把缸砸破，"让水离人"，救了小伙伴的性命，真是令人佩服，怪不得"司马光砸缸"的故事一直流传至今。

4. 联想思维

联想思维是指由某一事物联想到另一事物而产生认识的心理过程，就是通过思路的连接，把看似"毫不相干"的事件联系起来，从而获得新的成果的思维过程。

联想思维是发散思维，它抓住自然界的某一个现象，然后透过其现象，举一反三，触类旁通，把与其相关联的其他因素串联起来，从而突破了思维的定式，超越了形象思维的模仿和拷贝，直接把触角伸向未知领域，导致了新的发现、新的发明，并找到了新的途径。

案例：电影《手机》的联想过程

有一天，作家刘震云在冯小刚的工作室与大伙探讨究竟是"向生活要艺术"

还是"向艺术要艺术"的问题时，不少人的手机响个不停，而且他们接打手机的神态表情各异。这引起了他和冯小刚的极大兴趣。冯小刚突然说："应该拍一部电影，就叫《手机》，献给所有的手机持有者。""对，这就是向生活要艺术！"刘震云当即来了精神。

他说："手机原本是人们沟通的工具，可是由于各自'心怀鬼胎'，手机反而变成手雷了，不用不方便，用了也不方便。手机连着嘴，嘴连着心，为了掩盖手机带来的麻烦，人们开始言不由衷，开始说谎和欺骗，人类的本性在手机使用过程中暴露得淋漓尽致——这个剧本我写定了！"

联想思维的方法很多，主要有由此及彼的相近联想、夸张比喻的相似联想、物极必反的相反联想，还有无拘无束的自由联想。松开你思想野马的缰绳，让它在无垠的宇宙里天马行空、纵横驰骋，在那里，没有荒谬、没有对错、没有真理、没有规律。

四、创新文化的形成

（一）职业经理人心智创新八法

1. 随时记录创新的灵感和想法

人们在工作、生活、交际和思考过程中，常会出现许多想法，而其中的大部分都会因为不合时宜而被人们放弃直至彻底忘却。因此，希望你能随身携带一个创意记录本，一有灵感就及时地将它们记录下来，哪怕是你已经睡下，哪怕是一个荒诞的想法。这样，当你需要新主意时，就可以从回顾旧主意着手。而这样做，并不仅是为了给旧主意以新的机会，更是一种重新思考、重新整理的过程，在这个过程中，可以轻易地捕捉到新的创新性的思想。

2. 经常问自己"为什么"

如果不问许多"为什么"，你就不会产生创新性的见解。为了避免这个常犯的错误，成功者总是透过表面现象去寻找真正的问题。他们从来不把任何事情看作理所当然的结果，他们也从来不把任何事情看作已经确定的或不可改变的，他们总是在怀疑一切中产生石破天惊的创造灵感。

3. 大声说出你的想法

如果你有了想法，不管是什么样的，你都应当表达出来。如果是独自一人，你就对自己诉说一番；如果你身处群体之中，不妨告诉其他人，共同进行探讨。

由于害怕贻笑大方，害怕别人说自己幼稚、不成熟，我们一生中的大多数想法都被无意识的自我审查所否决了。这种无意识的自我审查机制将一切离奇的想法都当作"杂草"，巴不得尽快地加以根除。正是我们追求所谓的成熟，才使我们失去了孩童般天真烂漫的幻想，使自己变得循规蹈矩，失去了最为珍贵的创造力。

有时，你可能认为自己的想法是个馊主意，甚至荒诞离奇，但这可能却是别人梦寐以求的答案。这时，请你大胆地说出来！

4. 永远充满好奇心

好奇心正是创新力的萌芽，是一个人有所发现、有所成就的前提，是促进社会发展的动力。没有瓦特的好奇心，就没有蒸汽机的出现，英国的工业革命就会推迟；没有哥白尼对天文学的好奇心，就不会有"太阳中心说"的提出，黑暗的中世纪就会延长若干年。不要以为"事实本来就是如此"、"以前就是这样做的"，我们的大脑绝不能被别人或原来的经验、规则所束缚，否则被传统经验和思维定式"格式化"了的大脑就会成为任何东西都无法输入的"死脑筋"，那将是多么悲哀的人生。善于说"不"，带着质疑、审视和思考的眼光面对所遇到的一切，你将会有源源不断的创意和收获。

5. 换一种角度看问题

很多问题我们百思不得其解，始终没有满意的答案，主要原因可能是我们不自觉地沿着同一条思路走到底，结果越走路越窄，最后走进了死胡同，这其实就是"纵向思维"束缚了我们的大脑。这时，采取"横向思维"的方法，换一个角度、换一个侧面、换一个方向去"水平思考"，问题可能就会迎刃而解。"如果树叶的颜色不是绿色的而是蓝色的，会怎么样？""如果我换一个思路会怎么样？"经常用"如果……会怎么样"的思考模式去检视现在面临的问题，能够帮助我们发现原来根本想不到的东西。

6. 有了创意就实施

再好的创意如果我们不去付诸实施，那也仅是自己的想法而已，过几天我们就会把它们忘得一干二净，甚至还会因此而失去成功的大好机会。所以，一旦有了好的创意与思想，就应该进一步丰富和完善它，并把它变成可以实施的具体计划和方案，想方设法让它变成现实，即使面临风险也义无反顾。所有的创新都来自冒险与持续的行动！

7. 和田创新十二法

上海市和田路小学的教育工作者在创新教育实践中总结出的经验，非常值得我们学习和借鉴。

- ➡ 加一加——改进就是创新；
- ➡ 减一减——减轻、减少、省略不必要的；
- ➡ 扩一扩——功能、用途、使用领域；
- ➡ 变一变——方式、手段、程序等；
- ➡ 改一改——针对现有的做法提出意见、建议，争取做得更好；
- ➡ 缩一缩——压缩、缩小、降低；
- ➡ 联一联——看看事物之间有什么联系；
- ➡ 学一学——借鉴、综合；
- ➡ 代一代——用别的工具、方法、材料能否代替；
- ➡ 搬一搬——移动；
- ➡ 反一反——将顺序、结构、方法、颜色等倒过来，说不定会更好；
- ➡ 定一定——将界限、标准规定明确。

8. 鸡尾酒创新

整合思维就是指整合现有的产品或服务、别人的创新或想法，创造新的功能，满足新的顾客需求或刺激一个新的市场出现。手机、掌上电脑、相机合而为一，就是一个好例子。有人也正在用整合的思维观设计一种电脑鼠标。职场人士现在谁不用鼠标？只要用电脑，就得手抓鼠标。新设计的这种鼠标和一般的鼠标外表并无差异，只是多了一个功能：可以测量你的体温、血压，只要你抓住鼠标就行。可能将来你每个月多交 5 元钱的上网费，就可以给你提供一份月度健康报告。

整合思维就是把别人的东西、思想和经验拿过来，结合自己的思考和现实需要，就像调制鸡尾酒一样，创造一种新的东西和办法。

（二）加强团队学习

愿景领导的方式是势在必行，但是仍然有风险存在，当建立共同愿景的活动持续一段时间后，你会发觉公司的每一个人都活力四射，急于想要改变现状，但是大家还是以自己的想法在努力工作，但是彼此之间却很少交谈，更没有时间花在浪费时间的闲谈上。

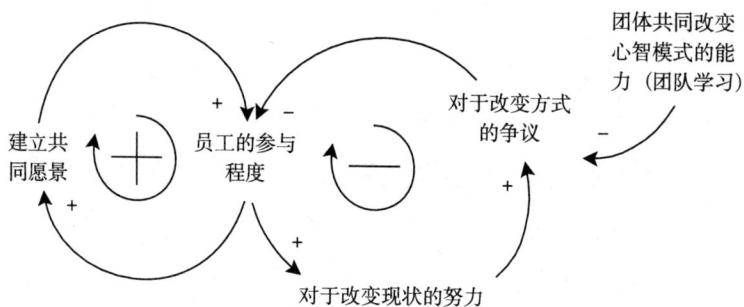

图 7-4　团队学习

团队（或组织）共创愿景遇到成长上限，突破限制的方法是团队学习，如图 7-4 所示。当争议逐渐扩大后，反而会给员工的热情参与浇了一盆冷水，这样只会使员工更加强了愿景是不可行的推论阶梯。许多公司在面对变革的争议时，常喜欢用投票表决或少数几个主管决定的方式，而快速进行变革，但是在进行变革时，就会遇到非常大的阻力，因为这些没有参与决策的人，或投票输掉的人，认为没有受到尊重，就会有意无意地抗拒变革、为反对而反对。其实在开始做决策的一刻，我们就已经将这些人拒于改革列车之外了。在共创愿景的过程中，不能牺牲任何一个人的参与，像投票及少数人的决策都会牺牲掉某些人，如图 7-5 所示。

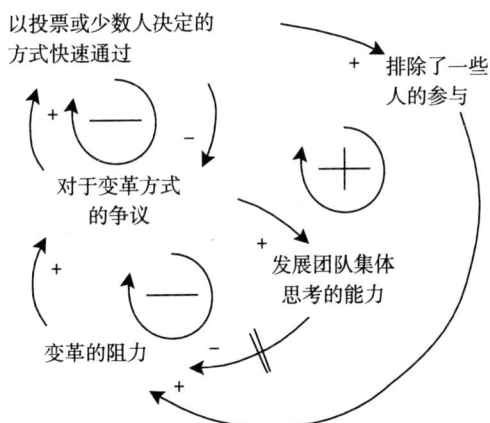

图 7-5 "舍本逐末"

为求快速变革，我们常会以症状解取代需要较长时间改善的根本解，结果反而使问题更趋严重。我们目前的企业组织非常缺乏团队学习的经验，在公司内的"政治斗争"早已取代了共同打拼的创业精神。当我们推行某些提升效率的活动时，总有些人被视为绊脚石，在缺乏共同愿景之下，各自追求片断的目的，推行某些活动，成了某些人的"绩效"与"成就"，主管也就更加奖励这些所谓的"改革者"。相反的没有搭上改革列车的另一群人则成了"被改革"的对象，当然也就越发不受公司的重视，最后这一群拥有知识资产的员工就这样默默地离开了公司。

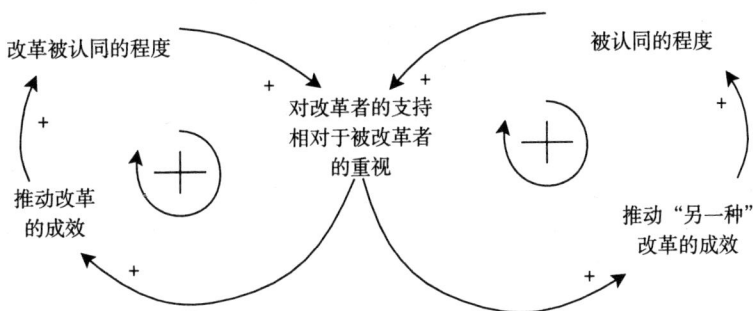

图 7-6 "富者越富"

从图 7-6 中可以看出，其实这一群"被改革者"原来可能也是推动改革的先锋，但因某种原因，他们改革的成效没有被认同，从此这些人被经营者认为没有效益，而且这种印象逐渐被加深，最后就被贴上被改革的标签。而这时另一群改革者反而得到认同，就会更受到支持，改革也就更有成效，最后被公司认为是英雄，并加以褒奖。这是"富者越富"的基模，公司每天都在不断上演相同的戏码，只是主角换人了。

"要努力工作，也要争取表现"，这似乎已经成为工作职场成功的必然要件，在个人或部门的角度确实如此，唯有展现成果而且被认同才能获取更多的资源，如图 7-7 所示。

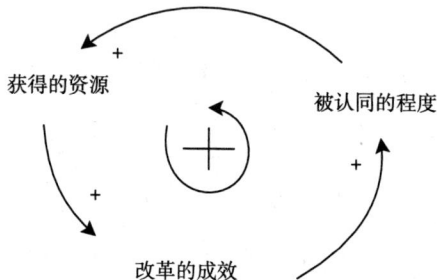

图 7-7　片段思考的增强环路

但是，如果我们能扩大思考范围，以系统思考的方式来看，我们就能看到富者越富的情形。我们姑且不论改革方式的对与错，因为对错是由人决定的，公司常常为了改革而牺牲了一群人，而更糟的是养成了每个人报喜不报忧的习惯。为了争取资源把好的成果往上面呈报，而隐忧绝口不提，最后经营者得到的都是片段的信息，因而做出错误的决策，从此种下公司衰败的恶因。

一个企业在进行企业改造时常常碰到这些迷惑：

➡ 我们要改造流程还是改造人？

➡ 我们要改变自己还是改变别人或是老板？

➡ 我们要解决问题还是创造未来？

➡ 我们要节省开支还是追求成长？

这些迷思是否有答案并不重要，重要的是企业内参与变革的所有人能不能很坦然地提出自己的看法，能不能集体共同思考，共同改变心智模式，突破学习障碍，让一再重演的悲剧可以落幕，这是我们每一个人都要去认真思考的问题。

（三）学习型团队引领创新文化

要突破这个学习障碍，就要发展出新的团队思考方式，我们称为学习型团队。在团队学习的过程中，每个人的意见被充分尊重，相反的意见可以同时存在于团队中。在这样的基础下，寻求团队共同的意义，在做决策前团队成员更充分地悬挂彼此的假设，让每个人都看到它的存在，然后再进入到集体思考，而最后才做决定。团队学习的修炼在开始时是非常耗时而且看不到效果的，但随着持续的练习，我们会发觉团队的决策品质会提高，而决策的时间会越来越短。在共同愿景的引导下，系统思考成为团队的沟通语言，团队会持续不断地改善共同的心智模式，在一次又一次的双环学习中，组织的效能也会源源不绝地往上攀升，从而发挥公司每个员工的智慧，形成团体智慧，营造创新文化氛围。

创新文化（Continuous Learning Culture）具有三项要素：

➡ 社会支持：激励与任何新技能、行为的获得及使用有关的活动；

➡ 继续革新：团队能不断地努力以追求革新与进步；

➡ 竞争力：团队通过成员高成就的表现在其领域中建立最佳形象。

塑造团队学习文化的三化取向——物质文化、制度文化、精神文化。

（1）塑造团队学习的物质文化。就物质文化层面而言，学习型团队的主要特征乃是在团队中能有完善的学习环境与设施，以提供成员从事学习的活动，同时能提供适当的诱因，对于自我学习积极者，或在促进他人的学习上有所贡献者均能给予奖励。此外，对于能将学习成果回馈于工作，借以提升团队效能者，也应给予适当的报酬。

（2）塑造团队学习的制度文化。就制度文化层面而言，学习型团队的主要特征是具有完善的训练、学习系统以及增进团队成员专业成长的渠道，以协助成员的自我成长。就制度文化而言，一方面指进修计划制度化，对于学习的课程、时数、地点、方式、人员及进度等均能经由专业人员的妥善规划安排；另一方面则指进修活动制度化，能契合成员的内外在学习需求，并根据事先规划好的进修计划确实彻底实施，且能不断反省团队学习的成效是否已达成预期目标。

（3）塑造团队学习的精神文化。就精神文化层面而言，团队成员具有追求自我成长与自我实现的渴望，同时成员间能彼此密切交流互动、相互支持，建立起团队成员间良好的人际网络。此外，组织也能与整个社会环境相结合，真正融入外在环境中，成为整体社会环境中的一个实体。

参考文献

［1］宋振杰. 自我管理——经理人九大能力训练 ［M］. 北京：北京大学出版社，2007.

［2］思恩. 卓越管理者不可不知的 N 个细节 ［M］. 北京：地震出版社，2007.

［3］章哲. 职业经理十项管理训练 ［M］. 北京：中国社会科学出版社，2004.

［4］李践. 高绩效认识的五项管理 ［M］. 北京：机械工业出版社，2010.

［5］T·普罗克特. 管理创新精要 ［M］. 周作琼，张晓霞译. 北京：中信出版社，2003.

［6］周鸿. 激励能力培训方案 ［M］. 北京：人民邮电出版社，2011.

［7］［美］慧顿，卡梅伦. 管理技能开发 ［M］. 北京：清华大学出版社，2008.

［8］忠实. 用业绩考核、按薪酬激励 ［M］. 北京：石油工业出版社，2010.

［9］［美］库泽斯，波斯纳. 激励人心：提升领导力的必要途径 ［M］. 北京：电子工业出版社，2010.

［10］孙科柳，石强. 团队管理工具箱 ［M］. 北京：中国电力出版社，2012.

［11］［英］霍尔默斯，［英］里奇. 个人与团队管理 ［M］. 北京：清华大学出版社，2008.

［12］常白. 高效团队管理实战 ［M］. 北京：机械工业出版社，2012.

［13］苗青. 团队管理 ［M］. 杭州：浙江大学出版社，2007.

［14］张晨，王敏. 营销团队就要这样带［M］. 北京：机械工业出版社，2012.

［15］肖剑锋. 团队与个人管理实务 ［M］. 北京：中国财政经济出版社，2010.

［16］任长江. 高层管理团队的战略决策绩效 ［M］. 北京：知识产权出版社，

2010.

[17] 赵伟. 给你一个团队，你能怎么管？［M］. 南京：江苏文艺出版社，2013.

[18] 崔永来. 企业管理中的有效沟通［J］. 现代经济信息，2012（2）.

[19] 王建军. 倾听在有效沟通中的重要性及其运用［J］. 天津农学院学报，2011（1）.

[20] 郑迦予. 现代企业部门之间的有效沟通与协调［J］. 企业导报，2013（2）.

[21] 张昊. 如何实现与员工的有效沟通［J］. 中国职工教育，2013（6）.

[22] 郑奇. 浅议现代企业管理者的有效沟通技巧［J］. 科技致富向导，2012（6）.

[23] 陈志辉. 企业管理中有效沟通技巧探析［J］. 管理观察，2012（21）.

[24] 方政予. 浅析企业基层管理者的有效沟通［J］. 现代经济信息，2012（8）.

[25] 朱红. 建立内部有效沟通，构建和谐企业［J］. 东方企业文化，2012（14）.

[26] 余来文，陈明. 管理竞争力［M］. 北京：东方出版社，2006.

[27] 陈明，余来文. 商业模式：创业的视角［M］. 厦门：厦门大学出版社，2011.

[28] 韩卫兵，余来文，封智勇. 中集帝国［M］. 福州：福建人民出版社，2012.

[29] 陈明，余来文，曾国华. 管理技能［M］. 福州：福建人民出版社，2013.

[30] 边俊杰，王欣，曾国华，余来文. 管理能力［M］. 厦门：厦门大学出版社，2014.